Saprativ Das

IRESSA - Une aubaine pour le cancer du côlon

Saprativ Das

IRESSA - Une aubaine pour le cancer du côlon

Études in-silico sur le médicament Iressa inhibant le récepteur du facteur de croissance épidermique (EGFR) impliqué dans le cancer du colon

ScienciaScripts

Imprint

Any brand names and product names mentioned in this book are subject to trademark, brand or patent protection and are trademarks or registered trademarks of their respective holders. The use of brand names, product names, common names, trade names, product descriptions etc. even without a particular marking in this work is in no way to be construed to mean that such names may be regarded as unrestricted in respect of trademark and brand protection legislation and could thus be used by anyone.

Cover image: www.ingimage.com

This book is a translation from the original published under ISBN 978-3-8443-1117-4.

Publisher:
Sciencia Scripts
is a trademark of
Dodo Books Indian Ocean Ltd., member of the OmniScriptum S.R.L Publishing group
str. A.Russo 15, of. 61, Chisinau-2068, Republic of Moldova Europe
Printed at: see last page
ISBN: 978-620-2-86938-6

<u>RECONNAISSANCE</u>

Je tiens à exprimer ma sincère gratitude à mon guide, le **Dr. S. Selvakumar,** professeur adjoint au département de biotechnologie industrielle de l'université Bharath de Chennai, pour ses immenses conseils. Son enthousiasme et son zèle illimités ont été des forces motrices majeures pour moi. Ses conseils, louables et appréciables, me sont d'une grande utilité. Je le remercie de m'avoir donné l'occasion de commencer ma carrière dans la recherche. Je n'ai pas de mots pour exprimer mes sentiments concernant son intérêt pour mes progrès dans la recherche.

Je suis extrêmement reconnaissant au **Dr M. Karunakaran,** professeur et chef du département de biotechnologie industrielle de l'université de Bharath, qui a fourni les installations du laboratoire et qui a apporté une aide rapide chaque fois qu'il a été sollicité.

Jayanthi Rebecca L. , professeur au département IBT de l'université de Bharath, pour ses précieux conseils et suggestions tout au long de mon projet.

Je tiens à exprimer mes remerciements à **M. D. Kumar,** professeur assistant au département de bioinformatique de l'université Bharath de Chennai, pour son précieux soutien tout au long de ce projet. Je remercie également tous **mes amis** pour leur soutien moral et leurs suggestions pour ce travail

Je remercie sincèrement **M.Arnab Mandal** pour son intérêt, ses encouragements constants et son aide opportune pendant mes travaux de recherche. .

Je voudrais garder en mémoire mes **parents** pour leur amour, leur prière, leur confiance, leur soutien constant et leurs bons vœux et sans eux, ce travail ne serait pas possible.

1. ABSTRACT

Le récepteur du facteur de croissance épidermique (EGFR) est à l'étude en tant que cible thérapeutique pour les cancers. Les lignées de cellules cancéreuses du côlon dépendent de manière variable de la stimulation autocrine de l'EGFR. J'ai examiné les effets d'un inhibiteur sélectif de la tyrosine kinase de l'EGFR, le Gefitinib ("Iressa", ZD1839), sur la prolifération et la survie des lignées cellulaires du cancer du côlon dont la prolifération autonome est soit dépendante du ligand de l'EGFR, soit indépendante de ce dernier. À l'aide d'un modèle de chimie, 15 analogues structurels ont été mis au point pour l'Iressa, afin de déterminer comment il inhibe le facteur de croissance épidermique kinase ; les études portent notamment sur la nature du cancer du côlon et sur la manière dont l'Ireesa agit pour stopper le cancer, et expliquent également la liaison du ligand dans l'EGFR kinase. Les résultats aident à comprendre la nature de la kinase du récepteur du facteur de croissance épidermique et comment inhiber le signal intra et extra cellulaire. Les propriétés *in silico* facilitent une conception plus efficace des bibliothèques de criblage et servent de base à de nombreux profils de composés ADME et à l'évaluation des capacités des médicaments tout au long de la chaîne de valeur de la découverte de médicaments. Elles contribuent également à freiner le développement du cancer ; une nouvelle ligne directrice pour la conception d'inhibiteurs.

2. OBJECTIFS

- Pour trouver la meilleure interaction entre protéines et ligands
- Comparer les paramètres biologiques d'un médicament modifié et d'un médicament disponible dans le commerce, tels que le poids moléculaire, les propriétés de l'ADME, etc.
- Pour réduire le coût, la charge de travail des laboratoires de chimie humide

3. INTRODUCTION

Le cancer se caractérise par une croissance anormale et incontrôlée qui peut détruire et envahir les tissus sains adjacents ou ailleurs dans l'organisme. Toutes les formes de cancer entraînent une modification et une croissance incontrôlée des cellules de l'organisme. La plupart des types de cellules cancéreuses forment une masse ou une masse appelée tumeur. **(Winawer *et al.*, 1996)**

Le cancer est la principale cause de décès chez les personnes âgées de 35 à 65 ans. Avec la diminution continue prévue des décès dus aux maladies cardiaques et aux accidents vasculaires cérébraux, le cancer deviendra la principale cause de décès pour l'ensemble de la population américaine d'ici l'année 2010.

Le cancer du côlon se produit dans le gros intestin et le rectum. Le côlon est un tube musculaire d'environ 1,5 mètre de long. Il absorbe l'eau et les nutriments des aliments. Le rectum est la partie inférieure du tube digestif, qui mesure 15 cm de long et sert de lieu de rétention des selles, qui sont ensuite évacuées du corps par l'anus.

Plus de 1 60 000 patients par an sont diagnostiqués avec un carcinome colorectal, qui est la troisième malignité la plus courante. L'ablation chirurgicale complète de la tumeur offre une chance de guérison ; cependant, seuls 40 à 50 % des patients survivent plus de 5 ans. Près de 57 000 personnes sont mortes de cancers colorectaux en 2005 (approximativement). Si le cancer est détecté confiné à la paroi intestinale, le taux de survie relative à cinq ans pour le cancer colorectal est de 90 % **(Aldinger *et al.*, 2003)**.

Tableau 1 : Cancérogènes

Produit	Cancérogènes chimiques	Solutions / Alternatives
Eau chlorée	Le chlore, et bien d'autres	Acheter un filtre à eau Acheter un filtre de douche (nous recommandons un filtre pour toutes les sources d'eau)
Shampoing, détergents, savons	1,4-dioxane	Produits naturels (consultez votre magasin d'aliments naturels)
Cosmétiques	Phtalates, parabènes	Recherchez des produits naturels sans phtalates
Echappement automobile	HAP, benzène, autres	Gardez vos vitres remontées Asseyez-vous dans votre voiture pendant que vous faites le plein Ne tenez jamais la pompe pour
Solvants pour le nettoyage à sec	perc	Nettoyez vos vêtements à la maison, ou trouvez un nettoyant humide ou un nettoyant au CO2
Ustensiles de cuisine antiadhésifs	Acide perfluoroctanoïque (PFOA)	Utilisez des casseroles en acier inoxydable, en verre ou en
Féculents, frites	Acrylamide	Site de la FDA pour les données sur la concentration d'acrylamide dans les aliments et l'évaluation
Rafraîchisseurs d'air , nettoyage produits, shampoing	formaldéhyde	Chooseeco-friendly alternatives, fenêtres ouvertes
Décapant de bois	Chlorure de méthylène	Utiliser un masque à fumée
Polissage des meubles		Huile d'olive nature
Pesticides	plusieurs	Éviter la maison et le jardin pesticides, utilisation de produits biologiques
Vernis à ongles	Phtalate de dibutyle , benzyle	Gonatural, surtout si enceinte
Retardateurs de flamme	Polybromé diphényle éthers (PBDE)	Éviter les produits traités avec PBDE
Jouets pour enfants à presser en douceur (jouets de bain, etc.) Emballage alimentaire en	Chlorure de polyvinyle (PVC)	Papier ciré, jouets pour enfants sans PVC
Emballages alimentaires	1,4-dioxane, l'acrylamide, autres	Évitez les aliments transformés, faites vos courses à la périphérie de l'épicerie
Cire à chaussures	Nitrobenzène, orange 3, rouge	Rechercher des alternatives
Huile surchauffée (ex. Canola)	1,3-butadine	Ne pas surchauffer l'huile, ne pas réutiliser l'huile, éviter les aliments amis lors des repas au
Litière pour chats	Silice cristalline	Chooselitterwithout silice cristalline

3.1 Anatomie du côlon et du rectum

4

Le côlon et le rectum sont des segments du gros intestin, qui jouent un rôle important dans la capacité de l'organisme à digérer les aliments et à évacuer les déchets. Le côlon constitue les premiers 5 à 6 pieds du gros intestin, et le rectum constitue les derniers 6 pouces à l'extrémité.

Le côlon comporte quatre sections. Le côlon **ascendant** est la partie du côlon qui s'étend à partir d'une poche appelée le **cæcum** (le début du gros intestin dans lequel se vide l'intestin grêle) du côté droit de l'abdomen. Le côlon **transverse** traverse le haut de l'abdomen. Le côlon **descendant évacue les** déchets par le côté gauche. Enfin, le côlon **sigmoïde, situé dans la partie** inférieure, évacue les déchets sur quelques centimètres vers le rectum.

Le cancer colorectal peut commencer soit dans le côlon, soit dans le rectum. Le cancer qui commence dans le côlon est appelé cancer du côlon et le cancer qui commence dans le rectum est appelé cancer du rectum.

La plupart des cancers colorectaux commencent par des polypes, des excroissances non cancéreuses qui peuvent se développer sur la paroi interne du côlon et du rectum au fur et à mesure que les personnes vieillissent. Les polypes sont parfois appelés **adénomes**. Comme certains types de polypes peuvent finir par devenir cancéreux, une façon de prévenir le cancer colorectal est de détecter et d'enlever les polypes avant qu'ils ne deviennent cancéreux.

La plupart des cancers du côlon et du rectum forment des tumeurs cancéreuses appelées adénocarcinomes, des cancers des cellules qui tapissent les tissus internes du côlon et du rectum. D'autres types de tumeurs, telles que les tumeurs carcinoïdes, les tumeurs stromales gastro-intestinales et les lymphomes, peuvent également prendre naissance dans le côlon ou le rectum.

Le côlon humain est un organe musculaire en forme de tube qui mesure environ 1,5 mètre de long. Il s'étend de l'extrémité de notre intestin grêle à l'anus, en se tordant et en tournant dans l'abdomen.

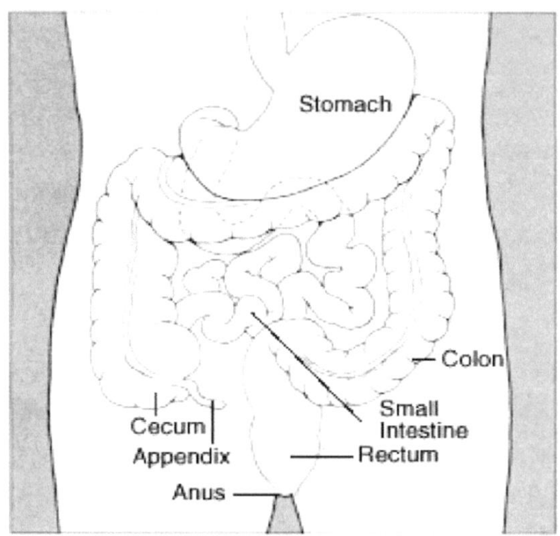

Fig.1 : Côlon, rectum et autres parties du système digestif

Le côlon a 3 fonctions principales :

- Pour digérer et absorber les nutriments des aliments

- Concentrer les matières fécales en absorbant les fluides (et les électrolytes) qu'elles contiennent

- Pour stocker et contrôler l'évacuation des matières fécales

Le côté droit de notre côlon joue un rôle majeur dans l'absorption de l'eau et des électrolytes, tandis que le côté gauche est responsable du stockage et de l'évacuation des selles. (**Aldinger *et al.*, 2003**)

3.2 Tumeurs du côlon

Tumeurs du cæcum et du côlon ascendant (côlon droit)

Les déchets dans la première partie du côlon sont sous forme liquide ou semi-liquide. Les tumeurs qui s'y développent ne modifient pas les habitudes intestinales ni la formation des selles, mais elles peuvent provoquer des saignements intermittents ou chroniques. Bien que les selles semblent normales, les patients peuvent développer des symptômes d'anémie due à une carence en fer. Ces symptômes comprennent la faiblesse, la fatigue, les palpitations cardiaques, l'essoufflement et l'intolérance à l'exercice.

Tumeurs du colon transverse

Les déchets traversent les quadrants supérieurs de l'abdomen (le côlon transverse), l'intestin absorbe l'eau et les déchets deviennent plus solides. En plus des saignements, les tumeurs peuvent ici provoquer des crampes, des gaz, une obstruction partielle ou complète, voire une perforation de l'intestin. L'anémie telle que décrite ci-dessus peut également se produire.

Tumeurs du côlon et du rectum descendants (côlon gauche)

Lorsque les tumeurs bloquent partiellement l'intestin inférieur, des selles fines et en forme de crayon peuvent se former. Les habitudes intestinales peuvent changer. Les tumeurs du rectum et de la partie inférieure de l'intestin peuvent provoquer des douleurs et une sensation de plénitude. La défécation peut être douloureuse ou les patients peuvent ressentir l'envie de déféquer, mais rien ne se passe. Les saignements à ces endroits peuvent être vifs et d'un rouge vif ou marron (**Schilsky, 2003**).

3.3 Autres causes de cancer du côlon

Polypes

Les polypes sont des excroissances qui se produisent à l'intérieur du côlon et du rectum. Les polypes ne sont pas des cancers, mais certains types de polypes peuvent se transformer en cancer colorectal. Les tests de dépistage peuvent aider à détecter les polypes, et leur élimination peut prévenir la formation d'un cancer colorectal.

Maladies inflammatoires de l'intestin (MII)

Les personnes atteintes d'une MICI telle que la colite ulcéreuse ou la maladie de **Crohn** peuvent développer une muqueuse anormale de leur côlon, ce qui augmente le risque de cancer du côlon. Les MICI ne sont pas identiques au syndrome du côlon irritable.

Fumer

Des études récentes ont montré que les fumeurs sont plus susceptibles de mourir d'un cancer colorectal que les non-fumeurs.

Inactivité physique et obésité

Un mode de vie inactif (pas d'exercice et beaucoup de positions assises) et une quantité de graisse corporelle supérieure à la normale peuvent augmenter le risque de cancer du côlon. (**Shulman, 1995.**)

Alimentation et compléments alimentaires

Une alimentation riche en fruits et légumes et pauvre en viande rouge peut contribuer à réduire le risque de cancer du côlon. Certaines études ont également montré que les personnes qui prennent des suppléments d'acide folique et de calcium ont un risque plus faible de cancer colorectal.

3.4 Symptômes du cancer du côlon

- Un changement dans les habitudes intestinales

- Diarrhée, constipation, ou sentiment que l'intestin ne se vide pas complètement.

- Rouge vif ou sang très foncé dans les selles.

- Les selles sont plus étroites ou plus fines que la normale.

- Malaise dans l'abdomen, y compris des douleurs fréquentes dues aux gaz, des ballonnements, de la plénitude et des crampes.

- Perte de poids sans explication connue.

- Fatigue ou fatigue constante.

- Anémie inexpliquée (diminution du nombre de globules rouges) (Winawer *et al.*).

3.5 Stades du cancer du côlon

Première étape

Au stade I, le cancer s'est propagé au-delà de la couche de tissu la plus interne de la paroi du côlon jusqu'aux couches intermédiaires. Le cancer du côlon au stade I est parfois appelé cancer du côlon **A de Dukes.**

Deuxième étape

- Stade **II A** : le cancer s'est propagé au-delà des couches de tissus intermédiaires de la paroi du côlon ou s'est étendu aux tissus voisins autour du côlon ou du rectum.

- Stade **II B** : le cancer s'est propagé au-delà de la paroi du côlon dans les organes voisins et/ou à travers le péritoine.

- Le cancer du côlon de stade II est parfois appelé **cancer du côlon B de Dukes**.

Troisième étape

Stade III A : Le cancer s'est propagé de la couche tissulaire la plus interne de la paroi du côlon aux couches intermédiaires et s'est étendu à pas moins de 3 ganglions lymphatiques.

Stade III B : Le cancer s'est propagé à pas moins de 3 ganglions lymphatiques voisins et s'est propagé :

- au-delà des couches de tissu moyen de la paroi du côlon ; ou
- aux tissus avoisinants du côlon ou du rectum ; ou
- au-delà de la paroi du côlon, dans les organes voisins et/ou à travers le péritoine.

Stade III C : le cancer s'est étendu à 4 ganglions lymphatiques voisins ou plus et s'est propagé :

- vers ou au-delà des couches de tissu intermédiaire de la paroi du côlon ; ou
- aux tissus avoisinants du côlon ou du rectum ; ou
- aux organes voisins et/ou à travers le péritoine

Le cancer du côlon de stade III est parfois appelé **cancer du côlon C de Dukes.**

Étape IV

Au stade IV, le cancer peut s'être propagé aux ganglions lymphatiques voisins et s'être étendu à d'autres parties du corps, comme le foie ou les poumons. Le cancer du côlon au stade IV est parfois appelé cancer du **côlon D de Dukes. (Lynch *et al.*, 1996)**

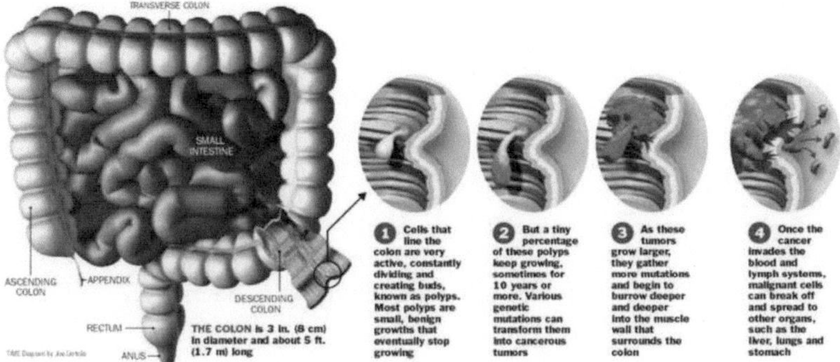

Fig2 : Image représentant le cancer du côlon

3.6 Modèles de diagnostic

Des tests qui examinent le rectum, le tissu rectal et le sang sont utilisés pour détecter (trouver) et diagnostiquer le cancer du côlon.

Test de sang occulte féacal : Test permettant de vérifier la présence de sang dans les selles (déchets solides) qui ne peut être vu qu'au microscope. De petits échantillons de selles sont placés sur des cartes spéciales et renvoyés au médecin ou au laboratoire pour y être analysés.

Lavement baryté : Une série de radiographies du tractus gastro-intestinal inférieur. Un liquide contenant du baryum est introduit dans le rectum. Le baryum enrobe le tractus gastro-intestinal inférieur et des radiographies sont prises. Cette procédure est également appelée "série gastro-intestinale inférieure".

Colonoscopie : Procédure permettant d'examiner l'intérieur du rectum et du côlon à la recherche de polypes, de zones anormales ou de cancer. Un coloscope est inséré dans le côlon par le rectum.

11

Biopsie : des polypes ou des échantillons de tissus peuvent être prélevés pour une biopsie. Il s'agit de prélever des cellules ou des tissus afin de les examiner au microscope pour vérifier s'ils présentent des signes de cancer. **(Lipkin, 2002)**

<u>THÉRAPIE</u>

3.7 L'EGFR comme cible dans le traitement du cancer

Il a été démontré que le récepteur du facteur de croissance épidermique (EGFR) joue un rôle essentiel dans la régulation de la croissance, de la réparation et de la survie des cellules tumorales, de l'angiogenèse, de l'invasion et des métastases, et il est exprimé dans un pourcentage important des tumeurs humaines. En outre, l'expression de l'EGFR est corrélée à un mauvais pronostic et à une diminution de la survie dans de nombreux cancers. Il a donc été postulé que les agents conçus pour bloquer l'activité de l'EGFR inhibent la phosphorylation et la transduction des signaux, ce qui entraîne de multiples mécanismes antitumoraux, tout en renforçant les effets antitumoraux de la chimiothérapie et de la radiothérapie. L'activité additive ou synergique des inhibiteurs de l'EGFR avec divers agents chimiothérapeutiques et la radiothérapie a été démontrée dans un certain nombre d'essais précliniques, contre diverses lignées cellulaires tumorales. (**Knecht** *et al.,* 2003)

3.8 L'EGFR comme récepteur

Le récepteur du facteur de croissance épidermique (EGF) est l'un des premiers récepteurs de facteur de croissance découverts. Le facteur de croissance épidermique (EGF) est une petite protéine mitogène qui serait impliquée dans des mécanismes tels que la croissance cellulaire normale, l'oncogenèse et la cicatrisation des plaies. L'EGF est une petite protéine longue de 53 résidus d'acides aminés qui serait impliquée dans des mécanismes tels que la croissance cellulaire normale, l'oncogénèse et la cicatrisation des plaies. L'EGF est une petite protéine longue de 53 résidus d'acides aminés qui contient trois ponts disulfure. Une équipe de scientifiques australiens a gagné la course pour déterminer la structure tridimensionnelle d'une importante molécule de protéine chez l'homme. La protéine - le récepteur du facteur de croissance épidermique (EGF) - a été détectée sur des cellules cancéreuses il y a plus de 20 ans et en laboratoire. (**Knecht** *et al.***, 2003**)

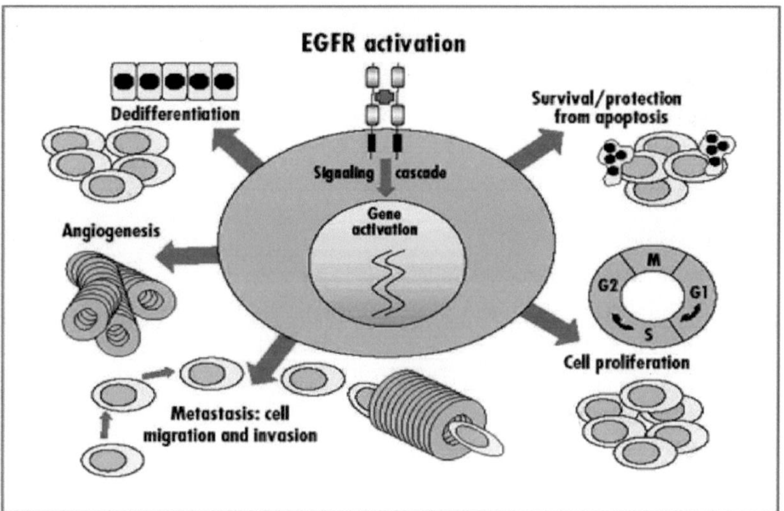

Fig 3 : Fonctionnement de l'EGFR en tant que récepteur

Les thérapies anticancéreuses ciblées sur l'EGFR :

La biologie du récepteur du facteur de croissance épidermique (EGFR) suggère son potentiel en tant que cible pour les thérapies anticancéreuses énumérées ci-dessous :

a) Anticorps anti-EGFR

L'anticorps se lie à l'EGFR de la surface cellulaire, empêchant la liaison du ligand et la transduction du signal, et entraînant l'internalisation et la dégradation du complexe récepteur-anticorps.

b) Inhibiteurs de la tyrosine kinase (TK)

Les inhibiteurs se lient à la TK du R-EGF de manière intracellulaire, inhibant l'activité des kinases et bloquant la transduction des signaux.

c) Conjugués ligand-toxine et immunotoxine

Les conjugués ligand-toxine comprennent un ligand EGFR conjugué à la toxine, et l'internalisation du complexe entraîne l'inhibition de la synthèse des protéines et la mort cellulaire. Les immunoconjugués comprennent un anticorps anti-EGFR conjugué à la toxine.

d) Oligonucléotides antisens

EGFR ou facteur de croissance transformant (TGF)-a, les oligonucléotides antisens sont ciblés sur l'ADN ou l'ARN et, en fin de compte, empêchent la synthèse des protéines et favorisent la mort cellulaire.

3.9 Conception de médicaments *in-silico*

Les structures de plus en plus de cibles protéiques deviennent disponibles grâce à la cristallographie, à la RMN et aux méthodes bioinformatiques. Il existe une demande croissante d'outils informatiques capables d'identifier et d'analyser les sites actifs et de suggérer des molécules médicamenteuses potentielles pouvant se lier spécifiquement à ces sites. En ce qui concerne le développement de nouveaux médicaments, les tendances du nouveau médicament, y compris les anticorps, les cellules dentriques, le vaccin contre le cancer, la thérapie génique et l'interférence de l'ARN, sont décrites. On passe de la découverte de médicaments ciblant des récepteurs de médicaments et des inhibiteurs d'enzymes par le criblage, à la découverte de médicaments avec des produits à haut polymère comprenant le gène, les molécules cibles, la protéine, les anticorps, les cellules immunitaires et l'acide ribonucléique en appliquant la biologie moléculaire et la technologie du génie génétique. En outre, le médicament se développe et évolue de l'outil du traitement symptomatique à l'outil de la cure radicale (**Knecht *et al.*, 2003**).

Application de la conception de médicaments :

Le temps et le coût nécessaires à la conception d'un nouveau médicament sont immenses et d'un niveau inacceptable. Selon certaines estimations, il en coûte environ 880 millions de dollars et 14 ans de recherche pour développer un nouveau médicament avant son introduction sur le marché. L'intervention des ordinateurs à certaines étapes plausibles est impérative pour faire baisser le coût et le temps requis dans le processus de découverte de médicaments. Une impulsion mondiale est également essentielle pour lutter contre les maladies mortelles telles que le sida, la tuberculose, le cancer, etc. Des millions pour le Viagra et des centimes pour les maladies des pauvres, telle est la situation actuelle des investissements dans l'industrie pharmaceutique.

LA CONCEPTION DE MÉDICAMENTS BASÉE SUR LA STRUCTURE

Cela peut aider à obtenir plus rapidement de meilleurs composés, affirme Regine Bohacek, l'ancienne responsable de la conception des médicaments chez Ariad Pharmaceuticals et maintenant présidente de Boston De Novo Design. (Ariad est l'un de ses principaux clients.) Ariad a réussi à utiliser des méthodes basées sur la structure pour découvrir des inhibiteurs pour des cibles réfractaires telles que le domaine SH2 de Src, une tyrosine kinase impliquée dans l'ostéoporose et d'autres maladies osseuses. "Grâce à nos méthodes, nous avons pu augmenter l'affinité de liaison et améliorer nos composés de façon spectaculaire en très peu de temps", cite l'organisation. Selon Bo hacek. "Si vous faites appel à des milliers de chimistes et que vous les laissez faire ce qu'ils veulent, vous finirez certainement par trouver des composés à forte affinité de liaison, mais cela pourrait prendre des années et des années. Nous pouvons passer les composés au crible de l'ordinateur. Nous commençons à pouvoir prévoir lesquels se lieront bien au site de liaison". A Ariad, le mode de liaison des composés synthétisés à la cible est rapidement déterminé par cristallographie aux rayons X et RMN. L'accord entre les structures prédites et expérimentales valide leurs méthodes de calcul.

Tableau 4 : Coût et temps nécessaires pour découvrir la drogue* C*v

Découverte de la cible

2,5 ans ↓ *4*

Génération de prospects et optimisation des prospects

3,9 ans ↓ 15

Développement préclinique

1 an ↓ *10*

Essais cliniques de phase I, II et III

6,0 ans ↓ 68

Examen et approbation de la FDA

1,5 an ↓ *3%*

Drogue sur le marché

14 vrsS880millions

(Source : PAREXEL, PAREXEL 5 Pharmaceutical R&D Stastical Sourcebook. 2001. p96)

3.10 Options actuellement disponibles pour le traitement de nombreuses tumeurs solides

Quinazolines

Les molécules dérivées de la quinazoline sont parmi les inhibiteurs de la TK les plus actifs avec la plus grande sélectivité pour l'EGFR. Les études précliniques suggèrent que ces agents arrêtent la progression du cycle cellulaire à la phase G1.

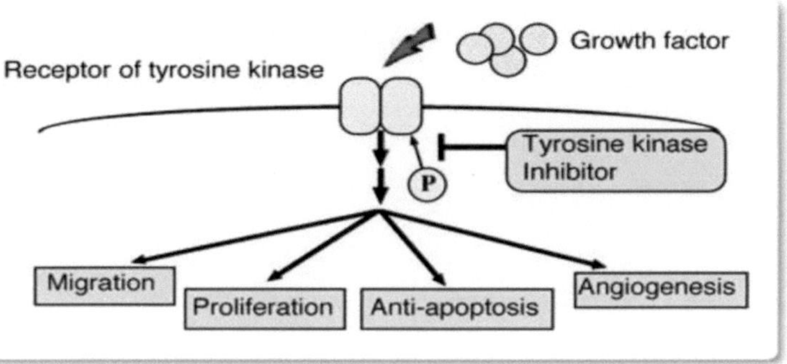

Plusieurs agents sont en cours de développement, notamment

- **Gefitinib** (ZD1839, Iressa®) - un inhibiteur sélectif et réversible de la TK du R-EGF.
- **Erlotinib** (OSI-774, Tarceva™) - un inhibiteur sélectif et réversible de la TK de l'EGFR.
- CI 1033 - un inhibiteur irréversible de la **TK de l'anilinoquinazoline** spécifique à tous les membres de la famille des EGFR.
- PD 153035-un composé précoce de **4-anilinoquinazoline dont est** dérivé l'inhibiteur irréversible de la TK PD 168393
- Inhibiteur de la **TK** dérivé de la GW2016-6-thiazolylquinazoline, spécifique à la fois

  EGFR et HER2
- AG-1478-inhibiteur de l'EGFR et HER 2 TK
- EKB-569 - un inhibiteur irréversible de la TK de l'EGFR

Pyrazolo-/pyrrolo-/pyridopyrimidines

Comme les quinazolines, ces composés sont sélectifs pour les EGFR TK. Plusieurs agents sont en cours de développement, notamment

- STI-571-Inhibiteur de TK actif par voie orale pour la croissance des xénogreffes de tumeurs humaines

- PKI 166-oralement actif inhibe les xénogreffes de tumeurs *in vivo*, exprimant une forte affinité pour la TK EGFR

PD 158780-un dérivé de la pyridopyrimidine efficace contre tous les membres de la famille des EGFR. (**Wolber*et al.*, 2005**)

Erbitux™ (anciennement connu sous le nom de IMC-C225)

Il s'agit d'un anticorps monoclonal chimérisé hautement spécifique qui se lie à l'EGFR et bloque la capacité de l'EGF à initier l'activation des récepteurs et la signalisation à la tumeur. Ce blocage entraîne une inhibition de la croissance de la tumeur en interférant avec les effets de l'activation de l'EGFR, y compris la tumeur.

ERBITUX™ a été utilisé en combinaison avec la chimiothérapie et les radiations dans des modèles animaux de cancers humains. Ces résultats précliniques indiquent que lorsqu'il est combiné à la chimiothérapie ou à la radiothérapie, le traitement de ERBITUX™ offre un effet anti-tumoral accru qui se traduit par l'élimination des tumeurs et la survie à long terme des animaux.

Plusieurs études cliniques de phase I/II ont été menées dans différents types de tumeurs solides pour évaluer ERBITUX™ en combinaison avec la chimiothérapie ou la radiothérapie. Dans ce cadre, le traitement avec ERBITUX™ a entraîné une inhibition de la croissance de la tumeur avec un profil de sécurité acceptable. Le principal effet secondaire observé dans les études cliniques à ce jour a été une éruption cutanée de type acnéique qui se résorbe après l'arrêt du traitement. Dans de rares cas, une anaphylaxie a été observée lors de la première dose de ERBITUX™. Cet effet secondaire a été associé à toutes les thérapies à base d'anticorps. En outre, il n'a pas été observé que ERBITUX™ provoque les types d'effets secondaires généralement observés lors de traitements par chimiothérapie et radiothérapie.

Erbitux est un type de traitement unique appelé anticorps monoclonal et est le premier traitement de ce type pour le cancer du côlon. Les anticorps sont la défense naturelle de l'organisme contre les substances étrangères, telles que les infections ou les cellules cancéreuses. Les anticorps monoclonaux sont produits en laboratoire pour cibler une portion très spécifique de substances étrangères. En raison de leur précision, le traitement est idéalement plus efficace et comporte moins d'effets secondaires. (**Pazdur, 2002**)

Curcumin
L'inhibition de l'activation par ligand de la phosphorylation de la tyrosine du récepteur du facteur de croissance épidermique a été réalisée par l'inhibiteur de kinase, la curcumine. La régulation de l'activation de la phosphorylation du récepteur du facteur de croissance épidermique (EGF) par cet inhibiteur de kinase récemment identifié, la curcumine (diféruloylméthane), dans des cellules NIH 3T3 cultivées exprimant l'EGF-R humain. Le traitement des cellules avec une concentration saturante d'EGF pendant 5 à 15 minutes a induit une augmentation de la phosphorylation de la tyrosine EGF-R de 4 à 11 fois et celle-ci a été inhibée de façon dose-dépendante du temps jusqu'à 90% par la curcumine, qui a également inhibé la croissance des cellules stimulées par l'EGF. Le traitement à la curcumine n'a eu aucun effet sur la quantité d'expression de surface de l'EGF-R marqué et l'inhibition de la phosphorylation de la tyrosine de l'EGF-R par la curcumine a été médiée par un mécanisme réversible. En outre, la curcumine a également inhibé la libération de calcium induite par l'EGF, mais pas par la bradykinine. Ces résultats démontrent que la curcumine est un puissant inhibiteur d'une voie de stimulation de la croissance,

l'activation de l'EGF-R induite par un ligand, et pourrait potentiellement être utile pour développer des stratégies anti-prolifératives pour contrôler la croissance des cellules tumorales.

Eloxatine (Oxaliplatine)

Eloxatin (Oxaliplatin) est un médicament anticancéreux à base de platine utilisé pour traiter le cancer colorectal récidivant ou avancé. Il est administré par voie intraveineuse en combinaison avec le 5-fluorouracile plus leucovorine (5FU/LV).

La franchise oncologique d'ancrage est **Tarceva™ (Erlotinib HCl)**, une petite molécule inhibitrice du récepteur du facteur de croissance épidermique, ou HER1/EGFR. Le produit protéique du gène HER1/EGFR est une tyrosine kinase du récepteur qui est surexprimée ou mutée dans de nombreuses tumeurs solides importantes. Nous pensons que les inhibiteurs HER1/EGFR représentent une nouvelle classe passionnante d'agents anticancéreux relativement sûrs et bien tolérés qui pourraient être utiles pour traiter un large éventail de patients cancéreux. Tarceva™ est un médicament oral à petite molécule, à prendre une fois par jour, conçu pour bloquer spécifiquement l'activité de la protéine HER1/EGFR. Tarceva™ est développé dans le cadre d'une alliance mondiale avec Genentech et Roche. Cet effort mondial de co-développement et de commercialisation comprend un vaste programme d'essais cliniques de phase III qui vise à obtenir un enregistrement efficace auprès de la FDA américaine ainsi que d'autres organismes de réglementation internationaux. Le programme de phase III Tarceva™ comprend une étude à agent unique (par rapport aux meilleurs soins de soutien) pour le traitement du cancer du poumon non à petites cellules réfractaire. **(Pazdur, 2002)**

IMC-C225 (cetuximab)

Le Centre du cancer de New York a découvert que l'IMC-C225 (cetuximab) bloquait efficacement les récepteurs du facteur de croissance épidermique (EGFR) et obtenait un taux de réponse important chez les patients qui avaient échoué au traitement standard par le fluorouracile et l'irinotécan. **(Flohr*et al.*,2002)**

FOLFOX (fluorouracil et leucovorinplus oxaliplatine)

On a constaté qu'il augmentait la survie de 4,5 mois par rapport au traitement standard de l'IFL (irinotécan, fluorouracil et leucovorine). Un autre essai clinique de phase III a montré que l'ajout d'Avastin à l'IFL prolongeait la survie de 5 mois. **(Deborah Schrag, 2004)**

Gefitinib ("Iressa", ZD1839) :

L'**Iressa** est un médicament anticancéreux qui inhibe une enzyme (tyrosine kinase) présente dans les cellules cancéreuses du côlon, ainsi que dans d'autres cancers et tissus normaux qui semble être importante pour la croissance des cellules cancéreuses. Il est pris seul, et non avec d'autres chimiothérapies. **(Fujiwara *et al.*, 2003)**

<u>Mécanisme d'action</u>

Le gefitinib est un inhibiteur de la tyrosine kinase du R-EGF. Il agit en se liant à l'enzyme intracellulaire (tyrosine kinase) de l'EGFR pour bloquer directement les signaux activés par des déclencheurs à l'extérieur ou à l'intérieur de la cellule. L'activité du facteur de croissance épidermique et de son récepteur, l'EGFR, a été identifiée comme un facteur clé dans le processus de croissance cellulaire et de concentration du ligand autour de la cellule. Une augmentation du nombre de récepteurs ou une diminution du renouvellement ou de la mutation des récepteurs peut entraîner une augmentation de la motivation de la cellule à se répliquer. Il existe maintenant un ensemble de preuves qui montrent que l'entraînement par l'EGFR est accru dans une grande variété de tumeurs solides, y compris le cancer du poumon non à petites cellules, le cancer de la prostate, le cancer du sein, le cancer de l'estomac, le cancer du colon, le cancer des ovaires et les tumeurs de la tête et du cou.

Le gefitinib est une anilinoquinazoline portant le nom chimique de 4-quinazolinamine. Le mécanisme de l'action antitumorale clinique du géfitinib n'est pas entièrement caractérisé. Le géfitinib inhibe la phosphorylation intracellulaire de nombreuses tyrosine kinases associées aux récepteurs de surface des cellules trans membranaires, y compris les tyrosine kinases associées au récepteur du facteur de croissance épidermique (EGFR-TK). L'EGFR est exprimé à la surface de nombreuses cellules normales et de cellules cancéreuses. Aucune étude clinique n'a été réalisée qui démontre une corrélation entre l'expression du récepteur EGFR et la réponse au gefitinib. **(Fujiwara *et al.*, 2003)**

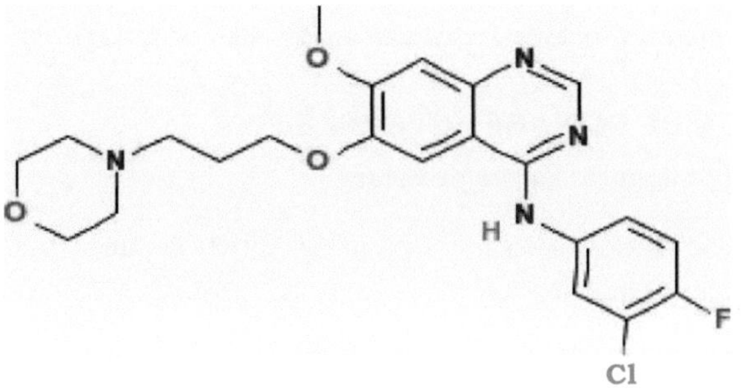

Fig 4 : Structure du médicament Iressa

4. MATÉRIAUX ET MÉTHODES

Pour l'interaction entre les protéines du ligand *Insilico*, la séquence et la structure de l'EGFR (cible) ont été extraites de la banque de données des protéines (PDB) et la structure du ligand a été dessinée à l'aide de Chemsketch, l'outil *Insilico*. Les propriétés de chaque ligand ont été analysées à l'aide du logiciel Chemdraw et de l'outil Build QSAR. L'amarrage des molécules cibles (EGFR) - ligand (analogues d'Iressa) a été étudié à l'aide de l'outil d'amarrage HEX en superposant leurs structures.

4.1 BANQUE DE DONNÉES UTILISÉE :

4.1.1 Banque de données sur les protéines

La banque de données sur les protéines (PDB) est une archive de structures tridimensionnelles de macromolécules biologiques déterminées expérimentalement, au service d'une communauté mondiale de chercheurs, d'éducateurs et d'étudiants. Les archives contiennent des coordonnées atomiques, des citations bibliographiques, des informations sur les structures primaires et secondaires, ainsi que des facteurs de structure cristallographique et des données expérimentales de RMN.

4.2 LOGICIELS UTILISÉS :

4.2.1. CHEMSKETCH

ACD/chemsketch est un logiciel de dessin chimique issu du développement de la chimie avancée. Il peut être utilisé seul ou intégré à d'autres applications. Chemsketch est utilisé pour dessiner des structures chimiques, des réactions et des schémas.

L'ACD/chemsketch dispose des principales capacités suivantes :

- o **Mode structure pour dessiner la structure chimique.**
- o **Mode dessin pour le traitement des textes et des graphiques.**
- o **Calculs des propriétés moléculaires.**

ChemOffice Ultra

ChemOffice Ultra 2000 est le premier logiciel de chimie de bureau au monde. En intégrant les applications les plus puissantes dans un seul environnement de chimie de bureau, Cambridge Soft nous fournit la suite de chimie ultime pour mener nos recherches vers de nouveaux sommets. ChemOffice Ultra 2000 inclut tout cela, en fournissant ChemDraw Ultra, Chem3D Ultra et ChemFinder Ultra pour une suite intégrée de façon transparente qui répond aux besoins quotidiens des chimistes, en dessinant les mécanismes de réaction pour la publication et en visualisant les surfaces moléculaires, les orbitales et les propriétés moléculaires en 3D.

Parmi les nouvelles fonctionnalités, citons AutoNom de Beilstein, les surfaces Connolly et ChemFinder pour Microsoft Excel 97.

ChemDraw

ChemDraw Ultra 5.0 est un générateur de noms de structures (Name=Struct), qui intègre le nommage des structures via le programme AutoNom version 2.1 de Beilstein, l'affichage des spectres de lignes RMN estimés, la visualisation des fichiers spectraux, une nouvelle version du plug-in ChemDraw et des interfaces de programmation améliorées.

Chem3D Ultra

Chem3D Ultra 5.0 apporte à votre ordinateur de bureau des graphiques de surface moléculaire de qualité professionnelle et des méthodes de calcul intense. L'intégration étroite avec un certain nombre de progiciels d'analyse moléculaire et un environnement de calcul intégré font de Chem3D le frontal idéal pour vos besoins de modélisation et d'analyse moléculaires.

Chemfinder

Chemfinder Ultra 5.0 est l'ensemble d'informations chimiques idéal pour les utilisateurs qui souhaitent créer des bases de données chimiques pour le stockage et la récupération rapide ou utiliser des bases de données préexistantes.

4.2.2. HEX

Hex est un outil d'amarrage. Il est conçu pour prédire les petites molécules, telles que les substrats ou les candidats médicaments, se lient à un récepteur de structure 3D connue.

4.2.3. QSAR

Une QSAR (Quantitative Structure-Activity Relationship) est une relation mathématique multivariée entre un ensemble de propriétés physico-chimiques en 2D et 3D) et l'activité biologique. La relation QSAR est exprimée sous la forme d'une équation mathématique. Les RQSA donnent un aperçu de base des relations structure-propriété.

Construire une équation QSAR, inclure :

- Entrer des molécules dans un ensemble de formation .
- Saisie des données sur l'activité biologique.
- Saisie des descripteurs de cartes moléculaires   .
- Explorer les données.
- Générer une équation QSAR.
- Validation et sauvegarde de l'équation QSAR.

L'amarrage ligand-récepteur

Conformément à l'idée que chaque "serrure" a une "clé", nous pouvons construire, rechercher et faire correspondre diverses molécules au site actif d'un récepteur. L'objectif est d'utiliser la connaissance du ligand et du récepteur pour prédire si et comment ils formeront un complexe lié de manière non covalente. Dans ce cas, un ligand est une petite molécule organique d'environ 10 à 200 atomes. Le récepteur est une protéine, généralement de taille beaucoup plus importante que le ligand. Il est possible de prédire comment le ligand et le récepteur vont interagir pour former un complexe. L'approche computationnelle à cet égard est appelée *"docking"*.

On peut supposer que pour un complexe formé par un ligand natif et son récepteur correspond un état dans lequel l'énergie de liaison libre est minimale. Avec cette connaissance, le problème d'amarrage devient une tâche de minimisation de l'énergie pour trouver le mode de liaison à énergie libre le plus faible pour le récepteur et un ligand putatif. En général, les études d'accostage ont deux objectifs : une modélisation structurelle précise et une prédiction correcte de l'activité. Le processus d'amarrage implique la prédiction de la conformation et de l'orientation du ligand ou de sa position dans un site de liaison ciblé.

4.2.4. LES OBJECTIFS DE L'ACCOSTAGE :

1) **Caractériser le site de liaison** - faire une image du site de liaison avec les points d'interaction.

2) **Orienter le ligand dans le site de liaison**

3) **Évaluer la force de l'interaction:-** $\Delta G_{bind} = \Delta G_{complex} -$

$(\Delta G_{ligand} + \Delta G_{target})$

4) **Estimation de l'affinité de liaison**

- Recherche de structures de plomb pour les cibles protéiques
- Comparaison d'un ensemble d'inhibiteurs
- Estimation de l'influence des modifications des structures en plomb
- De Novo Ligand Design
- Conception de bibliothèques combinatoires ciblées

5) **Prévoir le complexe de molécules**

- Comprendre le mode / principe contraignant
- Optimiser la structure de la direction.

4.2.5. LES CALCULS ÉNERGÉTIQUES

Comme les calculs d'énergie impliquent des contributions de chaque atome du système, il est possible d'estimer les contributions individuelles des groupes fonctionnels du médicament aux interactions médicamenteuses ou aux énergies de solvatation. Cela permet de comprendre en détail la relation entre les changements structurels et les changements de liaison

Calculs de la perturbation de l'énergie libre :

À chaque point, l'énergie d'interaction entre une sonde et la molécule cible est calculée en utilisant la fonction énergétique des : interactions des **parois de van der** ($_{Evdw}$), **intersections électrostatiques (Eel), et énergie de liaison de l'hydrogène (Ehb),** calculée comme :

$$E_{tot} = E_{vdw} + Eel + Ehb$$

où l'énergie d'interaction correspondante est calculée comme suit:-

$E_{vdw} = \Sigma VdW\ [Aij/rij12 - Bij/rij6]$

Anguille $= \Sigma elect\ [qiqj/\varepsilon rij]$

Ehb $= \Sigma H\text{-bonds}\ [\ Vo\ (1 - e\text{-}a^{(r\text{-}r0)})\ ^2 - V0]$

Ces calculs d'énergie peuvent être utilisés pour comparer différents inhibiteurs et pour trouver des molécules similaires.

Étapes des interactions entre les médicaments et les récepteurs :

1) **Taux de rencontre contrôlé par diffusion.**
2) **Complexe initial de Michaelis.**
3) **Désolvantation de l'inhibiteur et du site de liaison.**
4) **Changements de conformation de l'inhibiteur et du site de liaison lors de la liaison.**

5) **Orientation correcte entre le médicament et le site de liaison du récepteur.**

5. RÉSULTATS ET DISCUSSION

Les analogues structurels suivants de l'**Iressa (Zd1839)** ont été dessinés et leurs propriétés **QSAR** pour la liaison cible-ligand ont été calculées à l'aide des *logiciels* **ChemOffice** et **Build QSAR** *In-silico*.

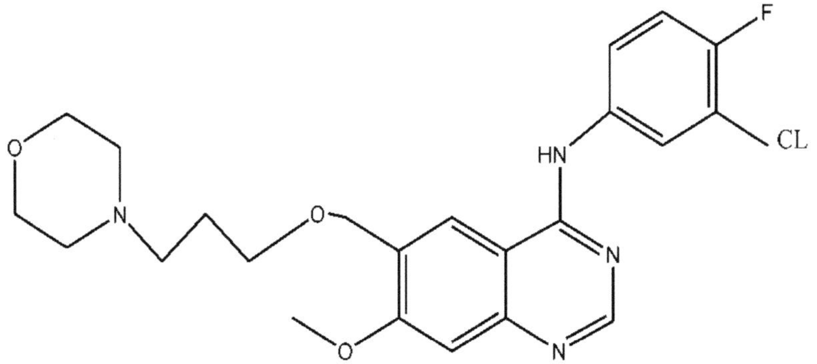

C24H29FN4O3
Masse exacte : 440.22
Mol. Wt. : 440.51
m/e : 440.22 (100.0%), 441.23 (26.4%), 442.23 (4.0%), 441.22 (1.5%)
C, 65,44 ; H, 6,64 ; F, 4,31 ; N, 12,72 ; O, 10,90

Fig 5 : IRESSA Analogue 1

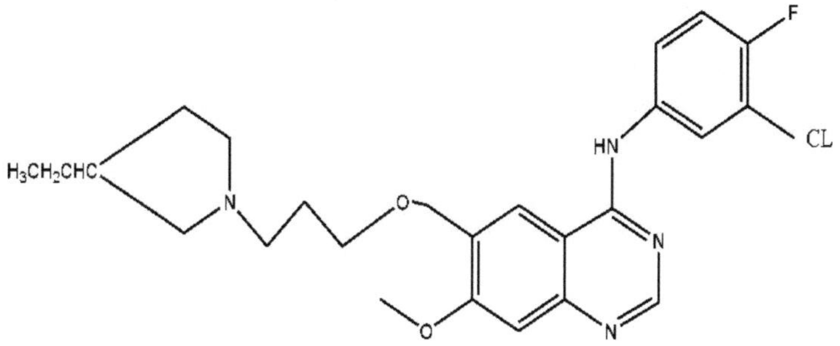

C27H35FN4O2
Masse exacte : 466.27

Mol. Wt. : 466.59

m/e : 466.27 (100.0%), 467.28 (29.7%), 468.28 (4.7%), 467.27 (1.5%)
C, 69,50 ; H, 7,56 ; F, 4,07 ; N, 12,01 ; O, 6,86

Point d'ébullition : 1144 [K]
Point de fusion : 825,85 [K]
Température critique : 1026.89 [K]
Critique Pres : 12.19 [Bar]
Vol. critique : 1399,5 [cm3/mol]
Gibbs Energy : 445,79 [kJ/mol]
Log P : 5,59
MR : 136,69 [cm3/mol]
La loi d'Henry : 14.45
Chaleur de la forme : -207,32 [kJ/mol]
CLogP : 7.34649
CMR : 13,3767

Fig 6 : IRESSA Analogue 2

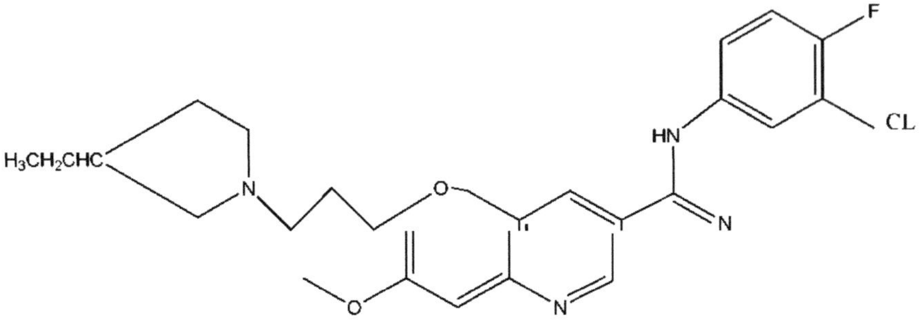

C27H35FN4O2

Masse exacte : 466.27

Mol. Wt. : 466.59
m/e : 466.27 (100.0%), 467.28 (29.7%), 468.28 (4.7%), 467.27 (1.5%)
C, 69,50 ; H, 7,56 ; F, 4,07 ; N, 12,01 ; O, 6,86

Point d'ébullition : 1144 [K]
Point de fusion : 825,85 [K]
Température critique : 1026.89 [K]
Critique Pres : 12.19 [Bar]
Vol. critique : 1399,5 [cm3/mol]
Gibbs Energy : 445,79 [kJ/mol]
Log P : 5,59
MR : 136,69 [cm3/mol]
La loi d'Henry : 14.45
Chaleur de la forme : -207,32 [kJ/mol]
CLogP : 7.34649
CMR : 13,3767

Fig 7 : IRESSA Analogue 3

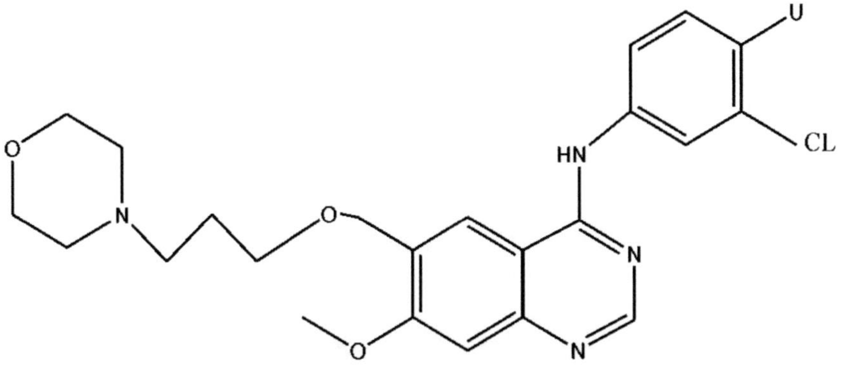

C24H29N4O3U

Masse exacte : 659.27

Mol. Wt. : 659.54

m/e : 659.27 (100.0%), 660.28 (26.4%), 661.28 (4.4%), 660.27 (1.5%)
C, 43,71 ; H, 4,43 ; N, 8,49 ; O, 7,28 ; U, 36,09

CLogP : 3.91291

CLogP : 3.91291

Fig 8 : IRESSA Analogue 4

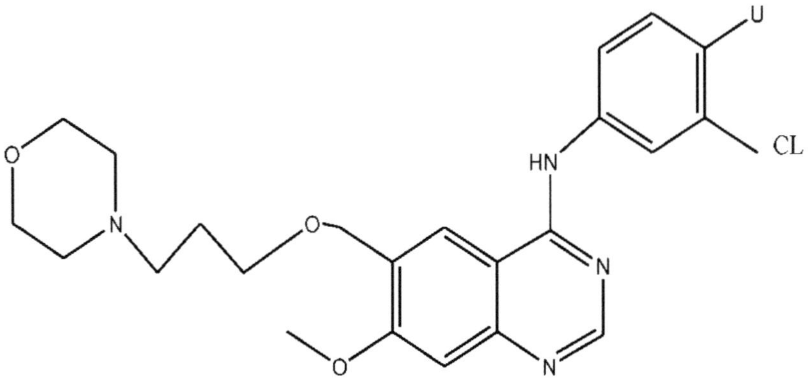

C24H29N4O3U

Masse exacte : 659.27

Mol. Wt. : 659.54

m/e : 659.27 (100.0%), 660.28 (26.4%), 661.28 (4.4%), 660.27 (1.5%)
C, 43,71 ; H, 4,43 ; N, 8,49 ; O, 7,28 ; U, 36,09

CLogP : 3.91291

Fig 15 : IRESSA Analogue 11

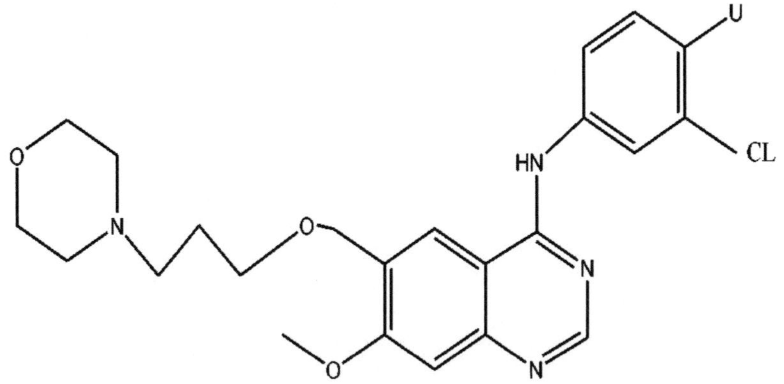

C24H29N4O3U
Masse exacte : 659.27
Mol. Wt. : 659.54
m/e : 659.27 (100.0%), 660.28 (26.4%), 661.28 (4.4%), 660.27 (1.5%)
C, 43,71 ; H, 4,43 ; N, 8,49 ; O, 7,28 ; U, 36,09

CLogP : 3.91291

Fig 10 : IRESSA Analogue 6

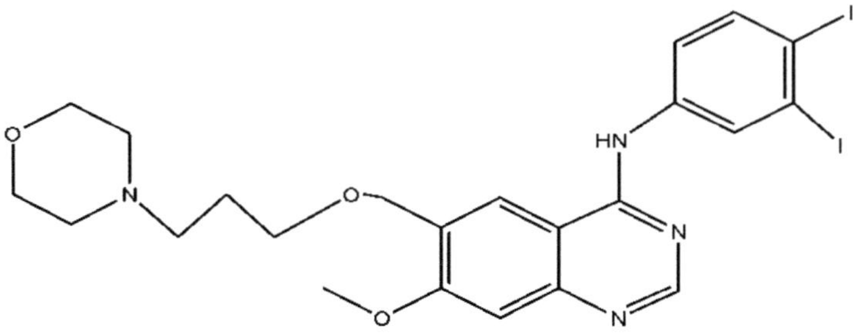

C23H26I2N4O3

Masse exacte : 660.01
Mol. Wt. : 660.29
m/e : 660.01 (100.0%), 661.01 (26.5%), 662.02 (3.1%)
C, 41,84 ; H, 3,97 ; I, 38,44 ; N, 8,49 ; O, 7,27

Point d'ébullition : 1271,11 [K]
Point de fusion : 927,11 [K]
Température critique : 1121.25 [K]
Critique Pres : 16.59 [Bar]
Vol. critique : 1355,5 [cm3/mol]
Gibbs Energy : 644,75 [kJ/mol]
Log P : 5,78
MR : 143,13 [cm3/mol]
La loi d'Henry : 18.25
Chaleur de la forme : 113,43 [kJ/mol]
CLogP : 6.84212
CMR : 14.2719

Fig 11 : IRESSA Analogue 7

C24H29IN4O3

Masse exacte : 548.13
Mol. Wt. : 548.42
m/e : 548.13 (100.0%), 549.13 (27.9%), 550.14 (3.3%), 550.13 (1.0%)
C, 52,56 ; H, 5,33 ; I, 23,14 ; N, 10,22 ; O, 8,75

Point d'ébullition : 1200,85 [K]
Point de fusion : 880,32 [K]
Température critique : 1074 [K]
Critique Pres : 15.64 [Bar]
Vol. critique : 1323,5 [cm3/mol]
Gibbs Energy : 595,05 [kJ/mol]
Log P : 4,91
MR : 136,53 [cm3/mol]
La loi d'Henry : 17.57
Chaleur de la forme : 15,92 [kJ/mol].
CLogP : 5.90899
CMR : 13.4293

Fig 12 : IRESSA Analogue 8

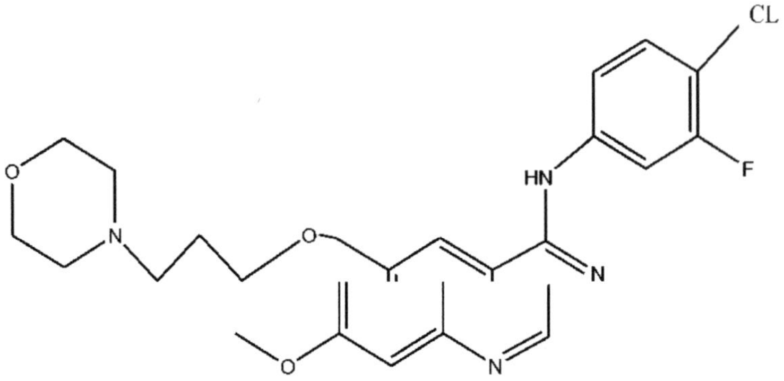

C24H29FN4O3

Masse exacte : 440.22

Mol. Wt. : 440.51

m/e : 440.22 (100.0%), 441.23 (26.4%), 442.23 (4.0%), 441.22 (1.5%)
C, 65,44 ; H, 6,64 ; F, 4,31 ; N, 12,72 ; O, 10,90

Point d'ébullition : 1106,98 [K]
Point de fusion : 822,85 [K]
Température critique : 1009,88 [K]
Critique Pres : 15,35 [Bar]
Critique Vol : 1253,5 [cm3/mol]
Gibbs Énergie : 342,12 [kJ/mol]
Log P : 3,71
MR : 124,44 [cm3/mol]
La loi d'Henry : 16.87
Chaleur de la forme : -257,06 [kJ/mol]
CLogP : 5.22899
CMR : 12.1384

Fig 13 : IRESSA Analogue 9

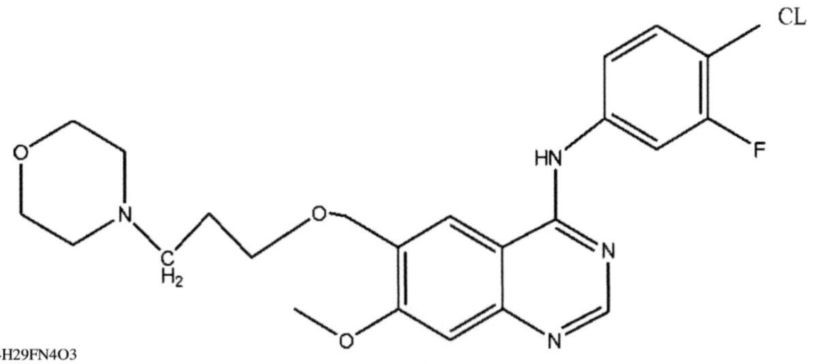

C24H29FN4O3

Masse exacte : 440.22

Mol. Wt. : 440.51

m/e : 440.22 (100.0%), 441.23 (26.4%), 442.23 (4.0%), 441.22 (1.5%)

C, 65,44 ; H, 6,64 ; F, 4,31 ; N, 12,72 ; O, 10,90

Point d'ébullition : 1106,98 [K]

Point de fusion : 822,85 [K]

Température critique : 1009,88 [K]

Critique Pres : 15.35 [Bar]

Vol. critique : 1253,5 [cm3/mol]

Gibbs Energy : 342,12 [kJ/mol]

Log P : 3,71

MR : 124,44 [cm3/mol]

La loi d'Henry : 16.87

Chaleur de la forme : -257,06 [kJ/mol]

CLogP : 5.22899

CMR : 12.1384

Fig 14 : IRESSA Analogue 10

C23H26F2N4O3

Masse exacte : 444.2

Mol. Wt. : 444.47

m/e : 444.20 (100.0%), 445.20 (25.3%), 446.20 (4.0%), 445.19 (1.5%)
C, 62,15 ; H, 5,90 ; F, 8,55 ; N, 12,61 ; O, 10,80

Point d'ébullition : 1083,37 [K]
Point de fusion : 812,17 [K]
Température critique : 992,77 [K]
Critique Pres : 15.99 [Bar]
Vol. critique : 1215,5 [cm3/mol]
Gibbs Énergie : 138,89 [kJ/mol]
Log P : 3,38
MR : 118,95 [cm3/mol]
La loi d'Henry : 16.85
Chaleur de la forme : -432,53 [kJ/mol]
CLogP : 4.81212
CMR : 11.6901

Fig 15 : IRESSA Analogue 11

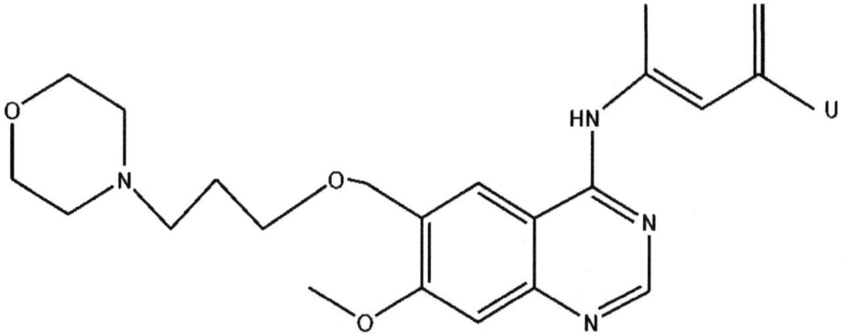

$C_{24}H_{29}FN_4O_3U$
Masse exacte : 678.27
Mol. Wt. : 678,54 m/e : 678,27 (100,0%), 679,28 (26,4%), 680,28
(4,0%), 679,27 (1,5%) C, 42,48 ; H, 4,31 ; F, 2,80 ; N, 8,26 ; O, 7,07 ;
U, 35,08

**Fig 16 : IRESSA Analogue
12**

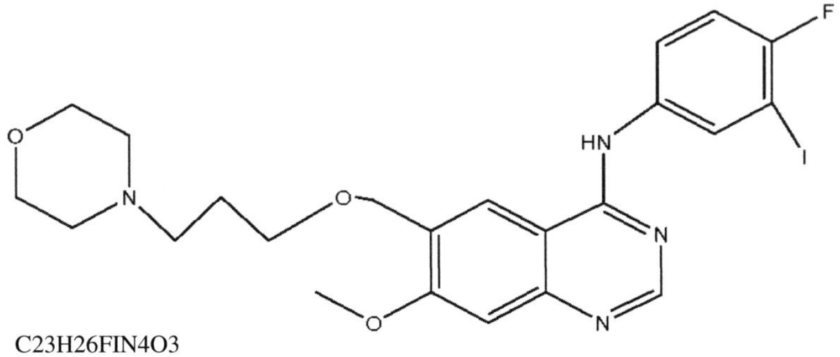

C23H26FIN4O3

Masse exacte : 552.1
Mol. Wt. : 552.38
m/e : 552.10 (100.0%), 553.11 (25.3%), 554.11 (3.7%), 553.10 (1.5%)
C, 50,01 ; H, 4,74 ; F, 3,44 ; I, 22,97 ; N, 10,14 ; O, 8,69

Point d'ébullition : 1177,24 [K]
Point de fusion : 869,64 [K]
Température critique : 1056,94 [K]
Critique Pres : 16.29 [Bar]
Vol. critique : 1285,5 [cm3/mol]
Gibbs Énergie : 391,82 [kJ/mol]
Log P : 4,58
MR : 131,04 [cm3/mol]
La loi d'Henry : 17.55
Chaleur de la forme : -159,55 [kJ/mol]
CLogP : 5.86212
CMR : 12.981

Fig 17 : IRESSA Analogue 13

C24H29FN4O3

Masse exacte : 440.22

Mol. Wt. : 440.51

m/e : 440.22 (100.0%), 441.23 (26.4%), 442.23 (4.0%), 441.22 (1.5%)

C, 65,44 ; H, 6,64 ; F, 4,31 ; N, 12,72 ; O, 10,90

Point d'ébullition : 1106,98 [K]

Point de fusion : 822,85 [K]

Température critique : 1009,88 [K]

Critique Pres : 15.35 [Bar]

Vol. critique : 1253,5 [cm3/mol]

Gibbs Energy : 342,12 [kJ/mol]

Log P : 3,71

MR : 124,44 [cm3/mol]

La loi d'Henry : 16.87

Chaleur de la forme : -257,06 [kJ/mol]

CLogP : 5.22899

CMR : 12.1384

Fig 15 : IRESSA Analogue 11

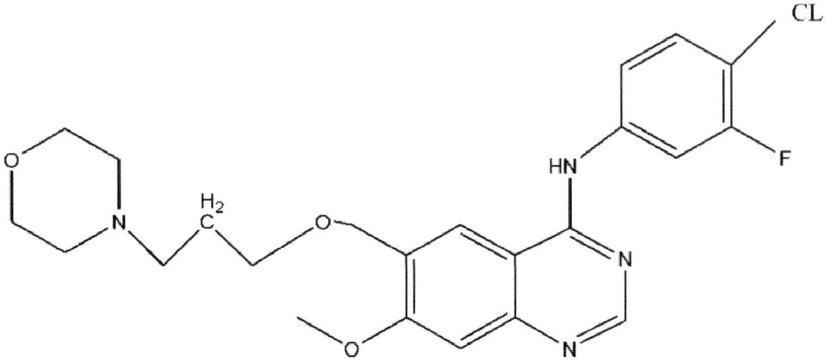

C24H29FN4O3

Masse exacte : 440.22

Mol. Wt. : 440.51

m/e : 440.22 (100.0%), 441.23 (26.4%), 442.23 (4.0%), 441.22 (1.5%)
C, 65,44 ; H, 6,64 ; F, 4,31 ; N, 12,72 ; O, 10,90

Point d'ébullition : 1106,98 [K]
Point de fusion : 822,85 [K]
Température critique : 1009,88 [K]
Critique Pres : 15.35 [Bar]
Vol. critique : 1253,5 [cm3/mol]
Gibbs Energy : 342,12 [kJ/mol]
Log P : 3,71
MR : 124,44 [cm3/mol]
La loi d'Henry : 16.87
Chaleur de la forme : -257,06 [kJ/mol]
CLogP : 5.22899
CMR : 12.1384

Fig 15 : IRESSA Analogue 11

CALCUL DU QSAR

Cette analyse décrit les relations quantitatives structure-activité des analogues de l'Iressa. Elle décrit les valeurs des descripteurs constitutionnels. Elle présente ensuite les propriétés du médicament pour lequel Build QSAR donne une valeur de corrélation (r) égale à 1, puis décrit l'activité prévue et observée du médicament Iressa. Enfin, un graphique linéaire entre l'activité prédite et observée.

Tableau 2 : Propriétés des analogues de l'Iressa

	LOGP	M.W	EX,MASS	FORMULE
MOL1	3.71	440.51	440.22	C24H29FN4O3
MOL2	5.17	452.56	452.26	C26H35FN4O2
MOL3	5.59	466.59	466.27	C27H35FN402
MOL4	5.59	466.59	466.27	C27H35FN402
MOL5	3.91	659.54	659.27	C24H29FN4O3U
MOL6	3.91	659.54	659.27	C24H29FN4O3U
MOL7	3.91	659.54	659.27	C24H29FN4O3U
MOL8	5.78	660.29	660.01	C23H26I2N403
MOL9	4.91	548.42	548.13	C24H29IN403
MOL10	3.71	440.51	440.22	C24H29FN4O3
MOL11	3.71	440.51	440.22	C24H29FN4O3
MOL12	3.38	444.47	444.2	C23H26F2N403
MOL13	4.58	552.38	552.1	C23H26FIN4O3
MOL14	3.71	440.5	440.22	C24H29FN4O3
MOL15	3.71	440.5	440.22	C24H29FN4O3

Créer un ensemble
de données QSAR

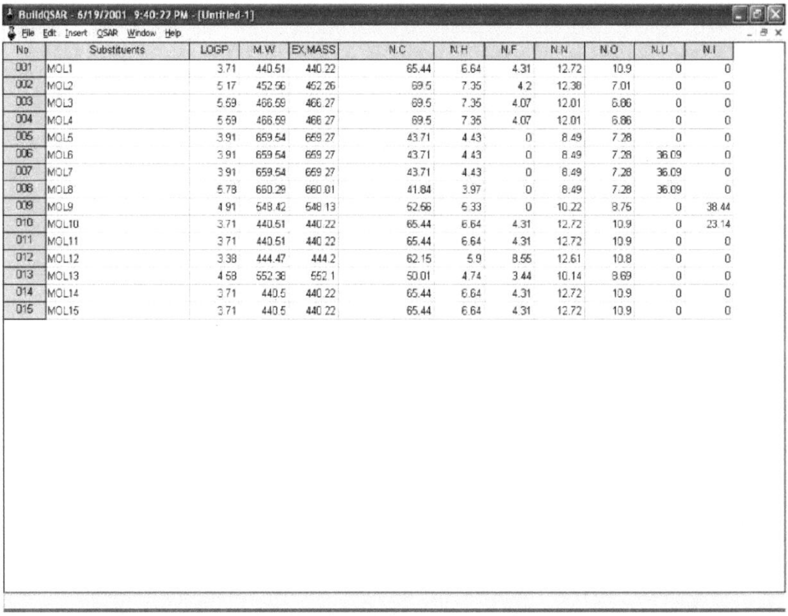

No.	Substituents	LOGP	M.W	EX.MASS	N.C	N.H	N.F	N.N	N.O	N.U	N.I
001	MOL1	3.71	440.51	440.22	65.44	6.64	4.31	12.72	10.9	0	0
002	MOL2	5.17	452.56	452.26	69.5	7.35	4.2	12.38	7.01	0	0
003	MOL3	5.59	466.59	466.27	69.5	7.35	4.07	12.01	6.86	0	0
004	MOL4	5.59	466.59	466.27	69.5	7.35	4.07	12.01	6.86	0	0
005	MOL5	3.91	659.54	659.27	43.71	4.43	0	8.49	7.28	0	0
006	MOL6	3.91	659.54	659.27	43.71	4.43	0	8.49	7.28	36.09	0
007	MOL7	3.91	659.54	659.27	43.71	4.43	0	8.49	7.28	36.09	0
008	MOL8	5.78	660.29	660.01	41.84	3.97	0	8.49	7.28	36.09	0
009	MOL9	4.91	548.42	548.13	52.56	5.33	0	10.22	8.75	0	38.44
010	MOL10	3.71	440.51	440.22	65.44	6.64	4.31	12.72	10.9	0	23.14
011	MOL11	3.71	440.51	440.22	65.44	6.64	4.31	12.72	10.9	0	0
012	MOL12	3.38	444.47	444.2	62.15	5.9	8.55	12.61	10.8	0	0
013	MOL13	4.58	552.38	552.1	50.01	4.74	3.44	10.14	8.69	0	0
014	MOL14	3.71	440.5	440.22	65.44	6.64	4.31	12.72	10.9	0	0
015	MOL15	3.71	440.5	440.22	65.44	6.64	4.31	12.72	10.9	0	0

Construire un modèle

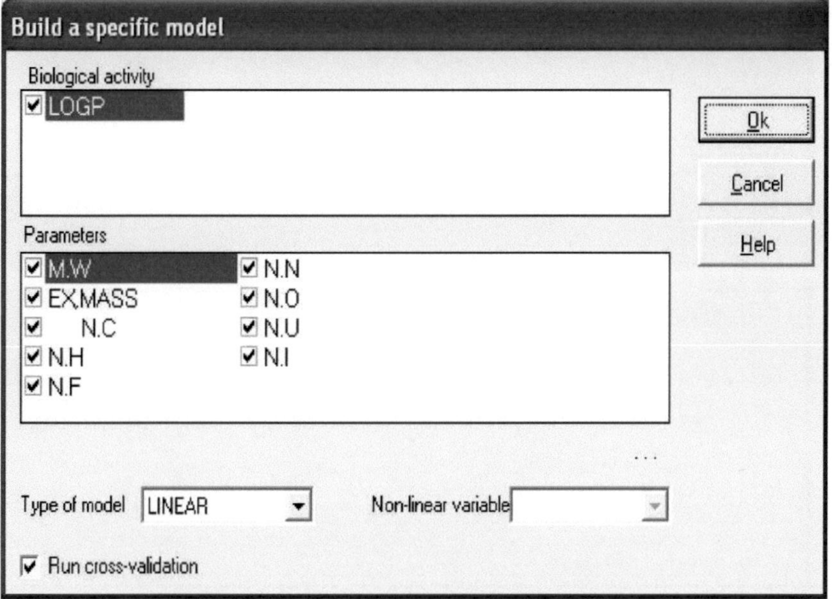

Construire un modèle linéaire de valeurs QSAR

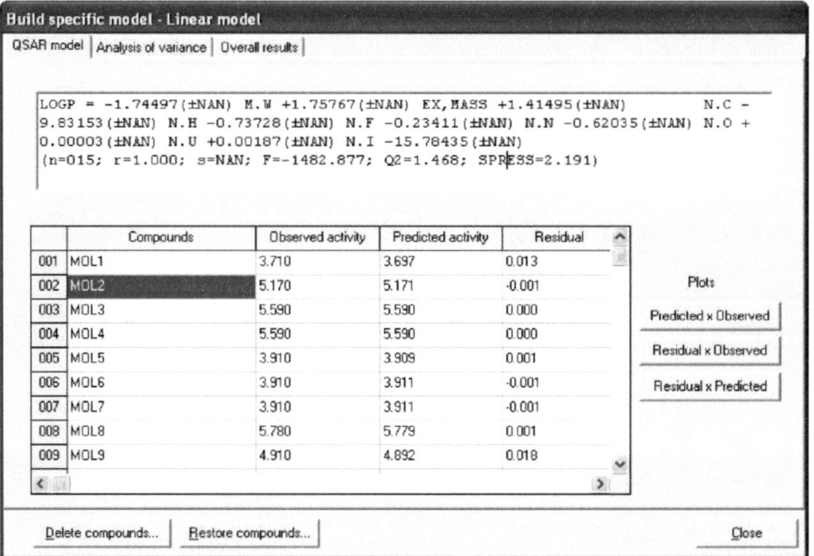

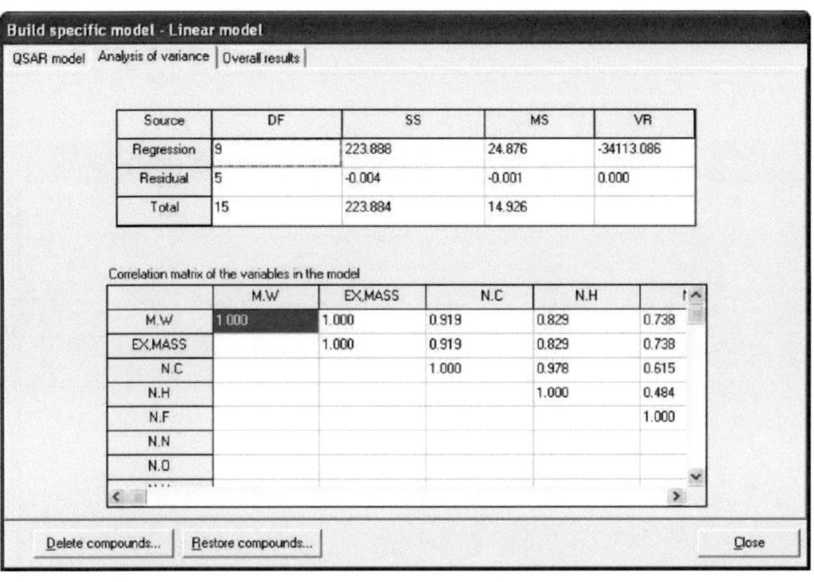

Source	DF	SS	MS	VR
Regression	9	223.888	24.876	-34113.086
Residual	5	-0.004	-0.001	0.000
Total	15	223.884	14.926	

	M.W	EX.MASS	N.C	N.H	
M.W	1.000	1.000	0.919	0.829	0.738
EX.MASS		1.000	0.919	0.829	0.738
N.C			1.000	0.978	0.615
N.H				1.000	0.484
N.F					1.000
N.N					
N.O					

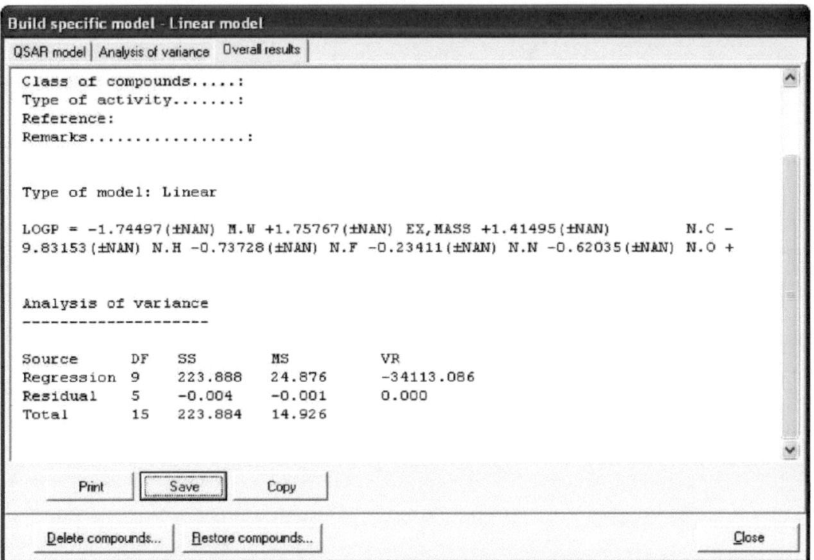


```
Class of compounds.....:
Type of activity.......:
Reference:
Remarks................:


Type of model: Linear

LOGP = -1.74497(±NAN) M.W +1.75767(±NAN) EX.MASS +1.41495(±NAN)          N.C -
9.83153(±NAN) N.H -0.73728(±NAN) N.F -0.23411(±NAN) N.N -0.62035(±NAN) N.O +


Analysis of variance
--------------------


Source       DF   SS       MS           VR
Regression   9    223.888  24.876       -34113.086
Residual     5    -0.004   -0.001       0.000
Total        15   223.884  14.926
```

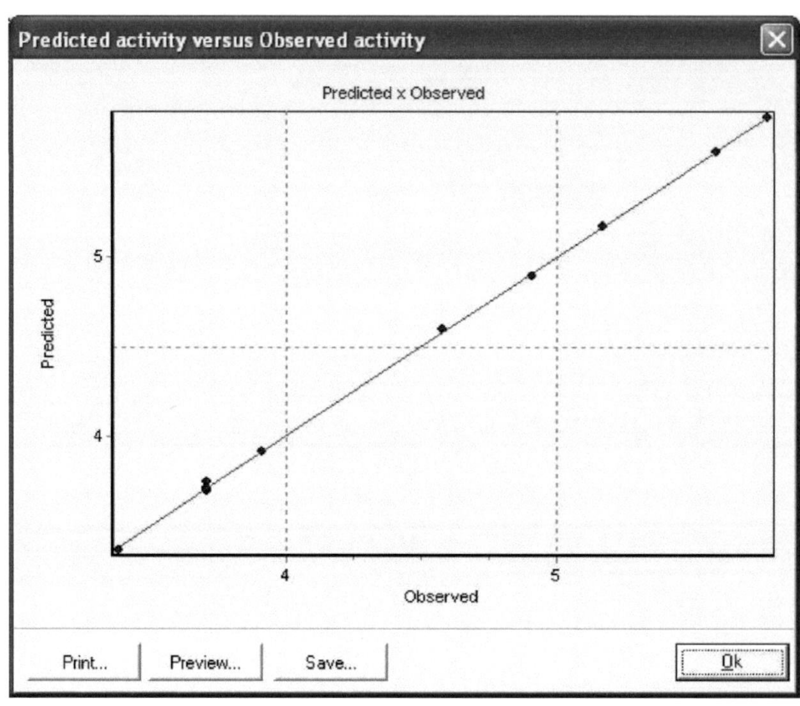

Fig 20 : Activité prévue par rapport à l'activité observée pour les analogues d'Iressa

DOCKING

L'arrimage a été effectué contre l'**EGFR** cible et des analogues du ligand **(Iressa)** et la meilleure correspondance entre eux a été trouvée.

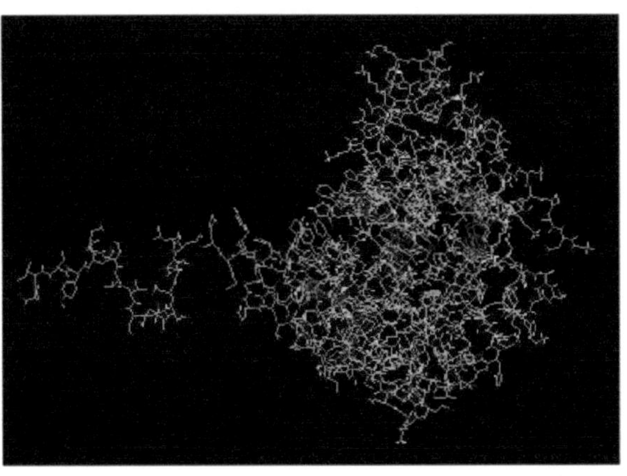

Fig 21 : Interaction entre le médicament standard Iressa et l'EGFR

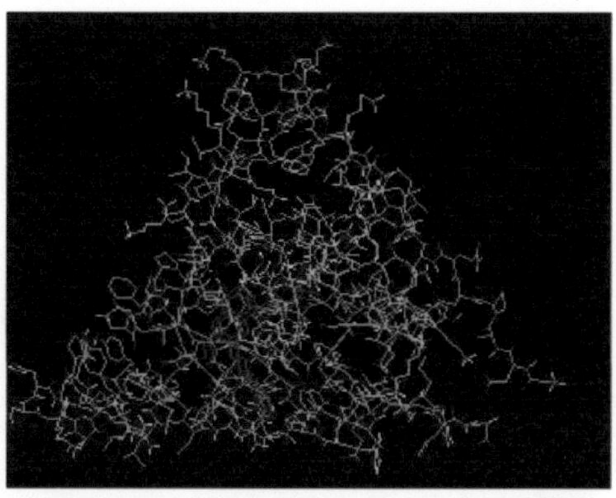

Fig 22 : Interaction entre le médicament modifié Iressa 1 et l'EGFR

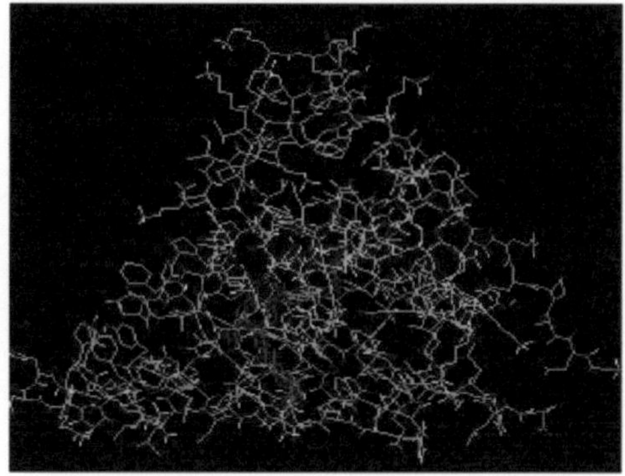

Fig 23 : Interaction entre le médicament modifié Iressa 2 et l'EGFR

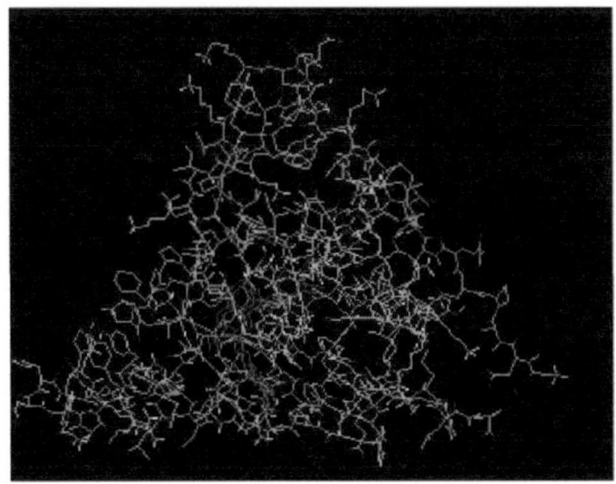

Fig 24 : Interaction entre le médicament modifié Iressa 3 et l'EGFR

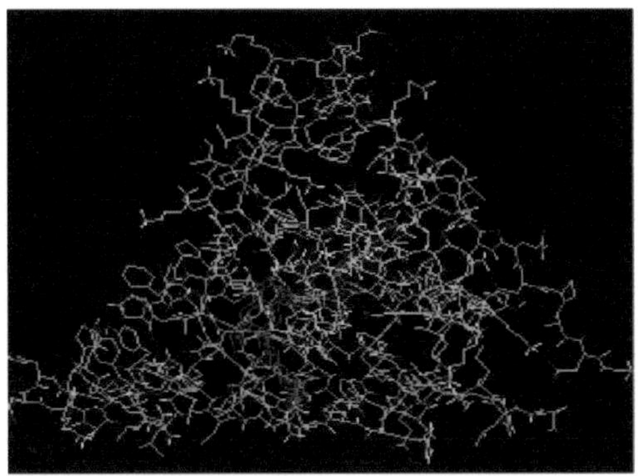

Fig 25 : Interaction entre le médicament modifié Iressa 4 et l'EGFR

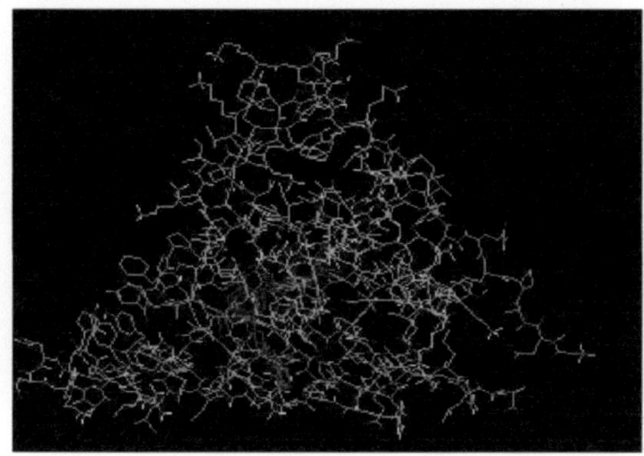

Fig 26 : Interaction entre le médicament modifié Iressa 5 et l'EGFR

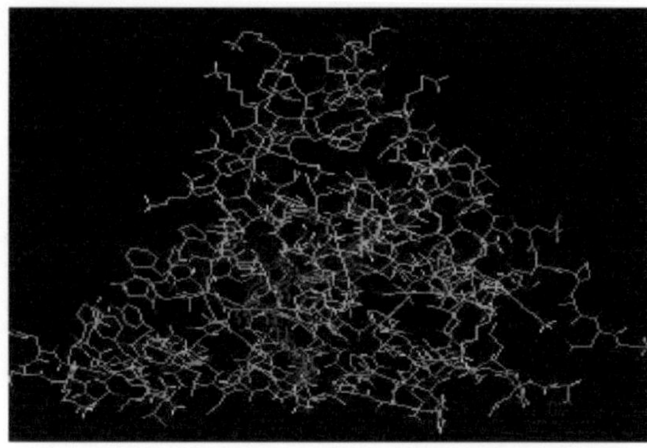

Fig 27 : Interaction entre le médicament modifié Iressa 6 et l'EGFR

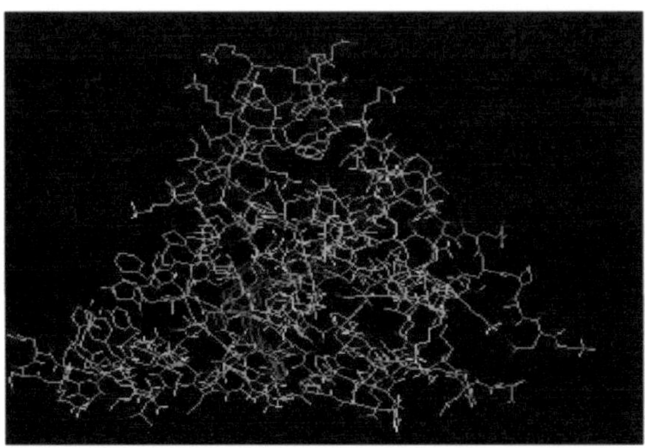

Fig 28 : Interaction entre le médicament modifié Iressa 7 et l'EGFR

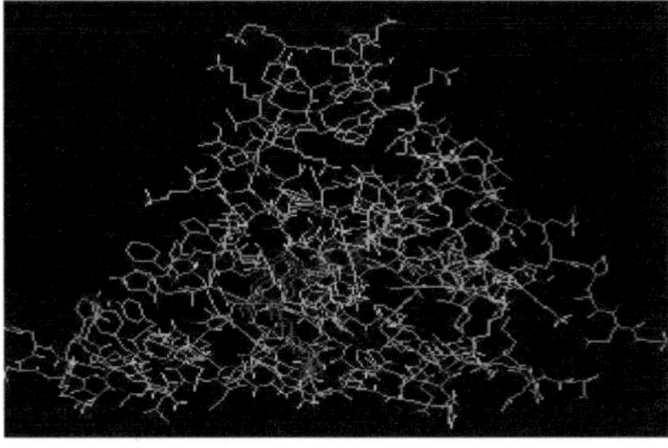

Fig 29 : Interaction entre le médicament modifié Iressa 8 et l'EGFR

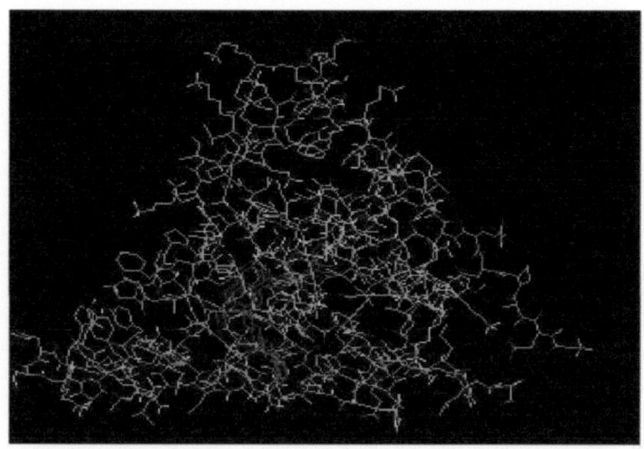

Fig 30 : Interaction entre le médicament modifié Iressa 9 et l'EGFR

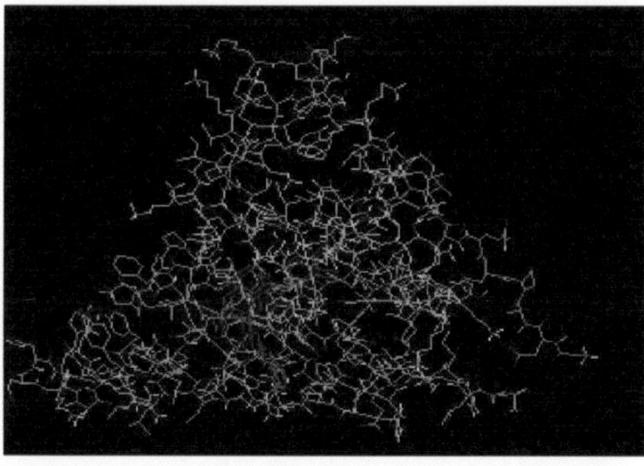

Fig 31 : Interaction entre le médicament modifié Iressa 10 et l'EGFR

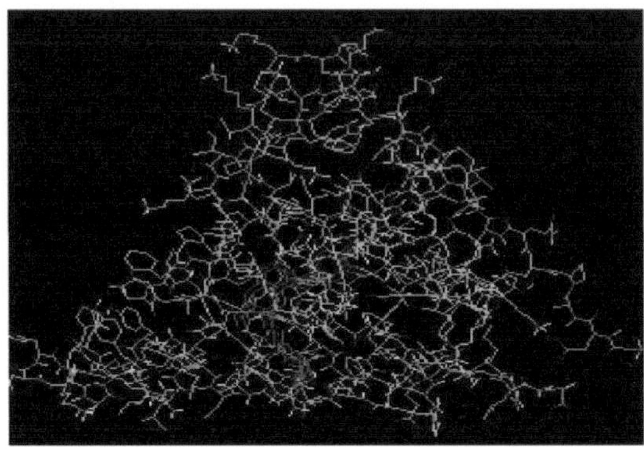

Fig 32 : Interaction entre le médicament modifié Iressa 11 et l'EGFR

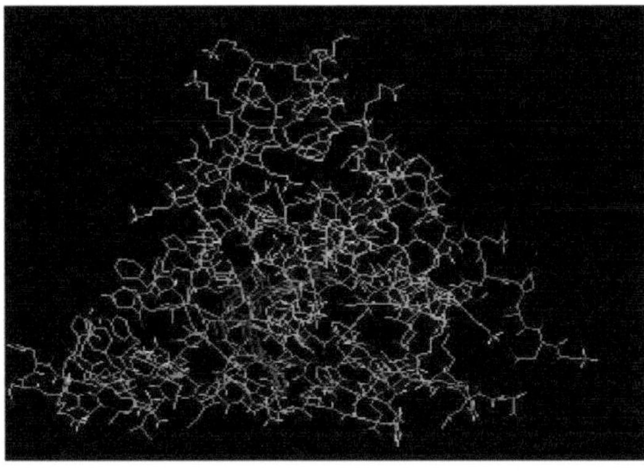

Fig 33 : Interaction entre le médicament modifié Iressa 12 et l'EGFR

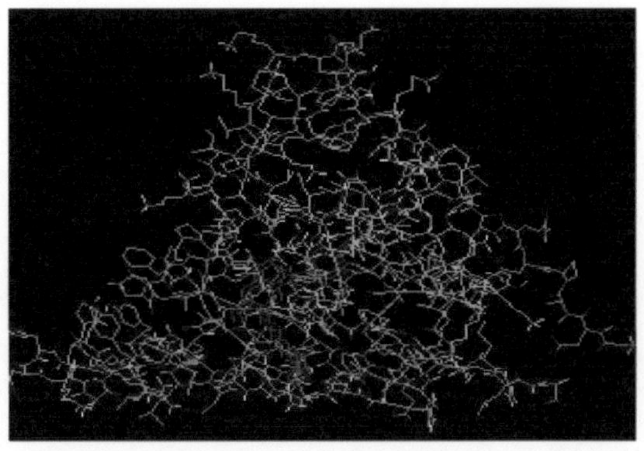

Fig 34 : Interaction entre le médicament modifié Iressa 13 et l'EGFR

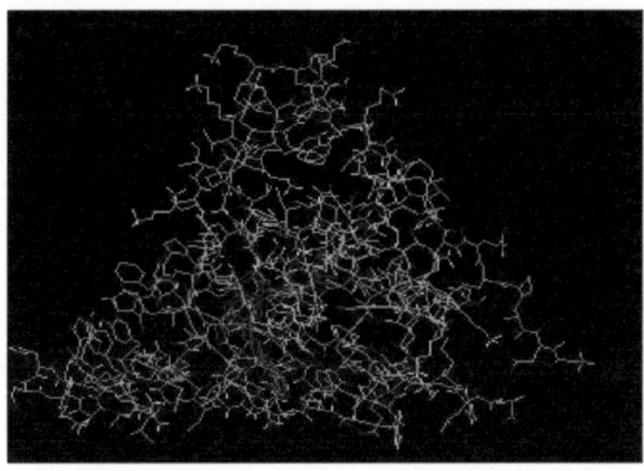

Fig 35 : Interaction entre le médicament modifié Iressa 14 et l'EGFR

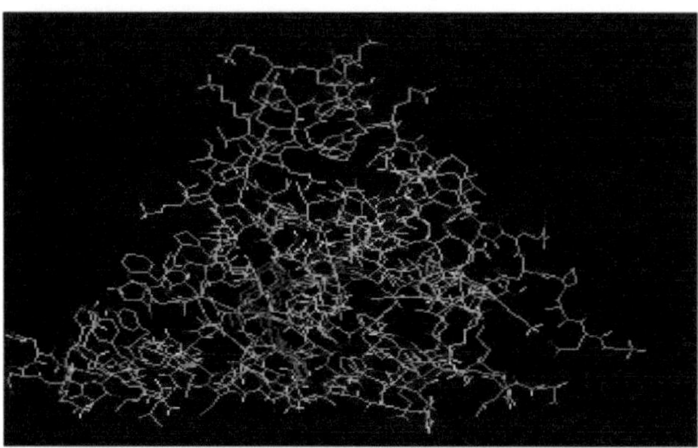

Fig 36 : Interaction entre le médicament modifié Iressa 15 et l'EGFR

Les résultats de l'arrimage des 15 analogues structurels de l'Iressa (Zd1839)
pour divers paramètres ont été présentés dans le tableau ci-dessous :

Tableau 3

RÉSULTATS DE L'ARRIMAGE

CLUSTER	SOLUTION	MODÈLE	E TOTAL	FORME E	E FORCE	BMP
1	1	IRESSA7	-454.4	-417.3	0	0
1	1	IRESSA5	-389.7	-389.7	0	0
1	1	IRESSA10	-385.1	-385.1	0	0
1	1	IRESSA13	-381.4	-381.4	0	0
1	1	IRESSA8	-370.5	-385.1	0	0
1	1	IRESSA15	365	-365	0	0
1	1	IRESSA6	-359.7	-359.7	0	0
1	1	IRESSA1	-356.2	-356.2	0	0
1	1	IRESSA14	-353.5	-353.5	0	0
1	1	IRESSA3	-353	-355.7	2.8	0
1	1	IRESSA4	-337.9	-337.9	0	0
1	1	IRESSA2	-337.4	-337.4	0	0
1	1	IRESSA9	-332.8	-332.8	0	0
1	1	IRESSA12	-318.4	-318.4	0	0
1	1	IRESSA11	-284	-284	0	0

Discussion :

Dans la présente étude, les 15 analogues structurels sélectionnés au hasard ont été évalués par Chemsketch, ChemDraw, QSAR et HEX. Les résultats obtenus ont montré que l'affinité de liaison de l'interaction cible-ligand était calculée pour des paramètres tels que logP(5,78), Ex Mass(660,01) et m.wt(660,1). En outre, le QSAR de construction a montré que l'analyse de la variance avait une valeur r = 1,0 pour les 15 analogues, ce qui prouve qu'ils ont une affinité étroite entre eux. Toujours à partir des études d'arrimage, les 15 analogues structurels ont été classés comme suit : 7,5,10,13,8,15,6,14,3,9,12et11 sur la base de la valeur minimale de l'énergie de liaison (-454,4) pour l'analogue 7. Cela permet d'examiner les phénomènes essentiels de la comparaison de la variation entre les analogues structurels sélectionnés au hasard. En outre, la variation du classement peut différer entre les analogues sélectionnés sur la base de leur sélectivité parmi les 15 structures tirées en fonction de leur énergie de liaison minimale.

6. CONCLUSION

A partir du résultat du tableau ci-dessus, **IRE7** et **IRE5** sont classés en première et deuxième positions sur la base des valeurs énergétiques (par rapport aux valeurs stériques et électrostatiques). Le classement des autres ligands est également pris en considération sur la base du **log p, du poids moléculaire, des donneurs de liaisons H** et des **accepteurs de liaisons H.**

7. RÉSUMÉ

> Le récepteur tyrosine kinase du facteur de croissance épidermique (EGF) et l'inhibition de son expression ont été étudiés en tant que cible pour le cancer du côlon.

> La molécule de drogue Iressa comprenant 15 analogues a été dessinée et la ressemblance avec la drogue, les propriétés de l'ADME ont été analysées par Chem Ultra et le logiciel QSAR Build.

> L'efficacité de liaison des 15 molécules d'Iressa créées avec la cible a été calculée et classée selon leur conformation d'énergie de liaison.

> IRE7 et IRE5 sont classés en première et deuxième positions sur la base des valeurs énergétiques (t.c.v. à la fois stériques et électrostatiques). Le classement des autres ligands a également été pris en considération sur la base du log p, du poids moléculaire, des donneurs de liaisons H et des accepteurs de liaisons H.

> Sur les 15 molécules calculées, IRE 5 et IRE 7 ont été sélectionnées comme débit potentiel de médicaments pour le cancer du côlon afin d'inhiber l'activité de la tyrosine kinase du R-EGF.

8. RÉFÉRENCES

1. Thérapie adjuvante du cancer du côlon. Séminaires en oncologie *22:6:600-610, 1995.*
2. Advanced Biotechnology, India's Biotechnology Magazine *Volume III numéro 5 Nov2004, page : 13 à 17.*
3. Les effets indésirables apparents du médicament suscitent des inquiétudes au sujet de l'Iressa. **J. Schult** Journal of National Cancer Institute. *Avr 2003 16 ; 95(8):577-9.*
4. Un guide pratique pour l'analyse des gènes et des protéines. **A.D.Baxevanis** et **D.F.Ouellete.**
5. Bioinformatique pour débutants. **K.Mani** et **N.Viayaraj.**
6. Méthodes et protocoles bioinformatiques. **S.Misener** et **S. A.Krawtez.**
7. Dépistage par coloscopie pour les personnes présentant un facteur de risque suspecté de cancer du côlon *I* antécédents familiaux. **S.Grossman, M.L.Milos, I.S.Tekawa,** *etal.* Gastroentérologie *1988 ; 39:395-400.*
8. Combinaison de la chimie et de la diversité moléculaire dans la découverte de médicaments. *Wiley International.*
9. Effet dramatique du ZD1839 ("Iressa") chez un patient atteint d'un cancer du poumon non à petites cellules avancé et dont les performances sont médiocres. **K.Jiwara, K.Kiura, H.Ueoka, M.Tabata, S.Hamasaki** et **M.Tanimoto.** Cancer du poumon. *Avr2003 ; 40(1):73-6*
10. La chimiothérapie TPE complétée par des anticorps EGFR. Recherches précliniques pour une nouvelle approche du traitement d'induction du cancer de la tête et du cou **R. Knecht, S.Peters, C.Solbach, M.Baghi, W.Gstottner, M. Hambek.** Recherche anticancéreuse. *Nov-Dec 2003 ; 23(6C):4789-95.*
11. Génétique, histoire naturelle, spectre des tumeurs et pathologie du cancer colorectal héréditaire sans polypose : une revue mise à jour. **H.T. Lynch, T.C. Smyrk, P.C. Watson,** *et al.* Gastroenterology *1993 ; 104:1535-1549.*
12. Principe de modélisation moléculaire Un manuel de chimie pharmaceutique, **J. Ghosh.**
13. Pharmaceutical chemistry, **G.R. Chatwal** *vol II,* ^{1ère} *édition, Himalaya publishing House Bombay,* and Applications, **Andrew R Leach (1999) Longman.**
14. Risque de cancer colorectal dans les familles de patients atteints de polypes adénomateux. **S.J.Winawer, A.G. Zauber, H.G.Erdes,** *et al.* New England Journal of Medicine *1996 ; 334:82-87.*
15. Stratégies de prévention du cancer du côlon. **M. Lipkin** Annals New York Academy of Sciences *170-179, 1995.*
16. Strategies for organic Drugs synthesis & Design, D. **Lednicer, Wiley** International.

Buy your books fast and straightforward online - at one of world's fastest growing online book stores! Environmentally sound due to Print-on-Demand technologies.

Buy your books online at
www.morebooks.shop

Achetez vos livres en ligne, vite et bien, sur l'une des librairies en ligne les plus performantes au monde!
En protégeant nos ressources et notre environnement grâce à l'impression à la demande.

La librairie en ligne pour acheter plus vite
www.morebooks.shop

KS OmniScriptum Publishing
Brivibas gatve 197
LV-1039 Riga, Latvia
Telefax:+371 686 204 55

info@omniscriptum.com
www.omniscriptum.com

Printed by Books on Demand GmbH, Norderstedt / Germany